子どもから学ぶ教育学

乳幼児の豊かな感受性をめぐって

中田基昭――［著］

東京大学出版会

Education Studies into Children's Sensitivity
Motoaki NAKADA
University of Tokyo Press, 2013
ISBN 978−4−13−052081−2

はじめに　教育実践のための教育学をめざして

大学で学んだことが現実の教育実践の現場ではほとんど役にたたない、といったことが現場の教師によって語られるようになってから、かなりの年月がたっている。教育研究者もこうしたことを実感し、現場の教師と共同して、教育実践に寄与できるような教育研究を進めようとする傾向も、最近は多くみられるようになってきている。それにもかかわらず、教育実践と密接に関わることのできる教育研究がいまだ十分にその成果をあげられないのは、なぜなのだろうか。

その理由として、少なくとも筆者に浮かんでくるのは、教育研究が、学問であるかぎり、どのような教育実践にも通じるような一般的な成果をめざしてきたからではないか、ということである。それゆえ本書では、教育の営みの個別性に、すなわちそのつどの現実的で具体的な個々の出来事に焦点を当てることを課題としたい。こうした課題を追求するため、子どもたちの活動や彼らがおとなや他の子どもたちとどのように関わり合っているかを具体的に記述しながら、彼らがどのようにして成長していくかを、乳幼児の場合について探っていきたい。

乳幼児の場合に焦点を当てる第一の理由は、一般的な成果をめざす教育研究と、現実的で具体的なために個別的な教育実践との関係が、乳幼児教育において典型的に明らかとなるからである。さらに第二の理由は、本書で具体的に探るように、そのとらえがたさから従来は十分に明らかにされることのなかった、教育実践における感受性が、乳幼児の教育実践においては重要な機能をはたしているからである。

しかし、こうした視野のもとに教育実践に寄与できる乳幼児教育学について探る前に、乳幼児教育が小学校以降の教育と異なることについてあらかじめ簡単に考察しておくことは、教育実践に沿った乳幼児教育学の方向をある程度見通しのきくものにしてくれるであろう。

小学校以降の教師が子どもに教えることは、原則として、教えている時の教師によってすでに獲得されている教科内容や社会的な生活習慣などである。たしかに、子どもに教える内容はかつて教師が自分で学んだことでしかない。しかも、自分で何かを学ぶことと、学んだことを他人に教えることとのあいだには、大きな違いがある。そのため、かつて自分が学んだことを他人に教えること自体に特有の困難さが生じる。しかし少なくとも、自分が学んだ内容と他人に教えようとする内容は同じである。

他方、乳幼児教育においては、家庭における教育を含め、かつて自分が乳幼児であった時におとなから学んだり身に着けた内容と、それを乳幼児に教えたり身に着けさせたりする時の内容とが異なっていることが多い。例えば、母親がかつて乳児として自分が母乳を呑んだ時に学んだことは、記憶の有無とは関わりなく、自分が乳児に母乳を呑ませることとはまったく異なっている。離乳食をかつて自分が食べさせられた時と、離乳食を乳児に食べさせる時とでは、まったく異なることを学ばなければならない。

たしかに、母語の獲得やしつけや、ハシの持ち方や衣服の着脱など、かつて自分が乳幼児として学んだ内容と親として乳幼児に教える内容とがかなり同じものも多くある。しかし、小学校以降の教師にとっては、子どもに教える内容自体が教師自身に明確にとらえられているのとは異なり、乳幼児教育においては、子どもに教えようとする内容の多くは、記憶されていないことが多いため、自分自身の体験としては明確にとらえられていない。そのため、乳幼児教育においては、子どものいわゆる外面的な活動から子どもの内面を理解することが難しくなり、おとなの観点から子どもを一方的に理解しがちとなる。

小学校以降の教育においても、教師は、例えば数学の問題を自分では簡単に解けるため、問題を解けない子どもの気持ちを、子どもの立場になってとらえることはできないかもしれない。しかし少なくとも、どのような計算間違いや問題の解き方の間違いをしているかは、比較的容易にとらえられる。しかし、乳幼児教育の場合は、例えば子どもが食事をしたがらない理由は、おとな自身が食欲のない時の自分の状態からおしはかるしかなくなる。

さらに、小学校以降の教育と乳幼児教育との決定的な違いを生みだしているのは、本書で詳しく探ることになるが、小学校以降の子どもやおとなとは異なり、乳幼児は、何かを学んでいるという意識なしに、非常に多くの能力を身に着けていく、ということである。このことを最も典型的に、しかも最も容易に明らかにしてくれるのは、幼児が母語を身に着ける時と、小学生以後の子どもやおとなが外国語を学ぶ時とでは、まったく異なることが生じているという、誰でもが日常的に接することができるような経験的事実である。何かを学んでいるとか、おとなから教えてもらっているという意識なしに、乳幼児はかなり多くの能力を身に着けていく。《身に着ける》という言葉が文字通りに示しているように、乳幼児は自分の身体でもって実際に活動することにより、意識することなく多くの能力をいわば自分の身体に刻みこんでいく。そのため、こうした仕方で様々な能力を身に着けることによっておとなになった我々にとっては、乳幼児期に自分が何をどのようにして学んだのかは、忘れ去られたのではなく、そもそも意識されることがなかったのである。その結果、乳幼児がどのようにしてどのような能力を身に着けていくかをとらえることが、我々おとなには非常に困難となっている。

乳幼児教育には、以上で素描したように、子どもが何をどのように学んでいるかを、我々おとなが自分で学んだ時の学び方に引きつけてとらえることが非常に困難になるという、乳幼児教育に特有の問題が潜んでいる。このことは、家庭においては、とくに第一子を育てる時の親や、幼稚園や保育所においては、自分で子どもを産んだこともなければ、子育てをしたこともない多くの若い保育者が乳幼児と関わるさいの、子育てや乳幼児教育に特有の困難さを生みだすことになる。

こうした困難さを可能なかぎり解消するため、かつては祖母や祖父などが子育ての相談にのっていたのであろう。また、昨今では核家族化のため、様々な機関や行政が子育て支援を提供するようになり、それこそ、新生児の抱き方や授乳の仕方までをも親に教えるようになってきている。

他方、幼稚園や保育所の保育者の場合には、主として保育者養成機関が、自分で子どもを産んだこともなければ、子どもを育てたこともない学生に対して、乳幼児の教育実践に必要な、いわゆる専門的な技術と知識と子どもの見方をあらかじめ授けることになる。例えば、ピアノの弾き方や絵の描き方、幼児集団全員の心に響くような絵本の読み聞かせ方などの専門的な技術を身に着けさせる。乳幼児の心と体の仕組みや成長過程についての知識を伝える。そして、乳幼児教育の意義や目的や乳幼児観の歴史的な変遷や、乳幼児教育の本質についての知識を伝えるといったことが、これから親になったり保育者となる若い世代に対する高等教育機関の役割となる。しかし、これらのことがたんなる知識のレベルにとどまるならば、教育学は子育てや教育実践に寄与することはできないであろう。

以上のことから、本書では、家庭における教育を含め、乳幼児の具体的な教育実践に密接に関わらせながら、乳幼児教育の本質について探ることにしたい。すなわち、どの家庭や幼稚園や保育所においても日常的に生じている乳幼児の具体的な活動の彼ら自身にとっての意味や、我々おとなにはすでに失われてしまっていたり、自分が乳幼児の時期には学んでいることを意識することなく身に着けてきたため、見逃されがちな乳幼児のあり方について、探ることにしたい。このことは、一言でいえば、我々おとなには失われてしまった、乳幼児の感受性の豊かさについて具体的に探ることを意味する。このことにより、乳幼児の教育実践に直接関わることができるような教育学の可能性を探ることを試みたい。

こうした課題を遂行するため、本書では次の二つのことを試みた。一つ目は、家庭や幼稚園や保育所で日常的に生じている子どもの活動や子どもとおとなとの関係の具体的なエピソード等と関わらせて、現実的で具体的な教育の個々の事象について探ることにした。二つ目は、哲学の一領域である現象学における人間のとらえ方を導きとすることである。しかし、現象学に関する知識などは前提とせず、現象学の創始者であるフッサールや、フッサールに基づきながらも独自の現象学を展開させたメルロ－ポンティやトイニッセンやヴァルデンフェルスなどからの引用は、あくまでも現実の教育実践において生じていることをより明確にし、実感をもって子どもを理解するために必要な範囲に限定することにした。

そのため、現象学になじみのない読者は、本書で引用されている現象学者の名前や理論的な背景については無視し、あくまでも乳幼児の教育実践において生じている具体的な出来事とそのとらえ方に関心を向けてくだされば、と思う。というのは、現象学は、哲学の一領域であるが、日常的には見逃されている人間の生の営みを深く探ることをめざしているからである。それゆえ、本書で描かれている現実的で具体的な出来事を生き生きと思い浮かべながら、乳幼児の教育実践で生じていることの深い意味を実感し、人間の豊かなあり方に触れることが、本当の意味で現象学を共に生きることになるはずである。こうしたことから、乳幼児の教育実践において現実的で具体的に生じていることとそのとらえ方により興味や関心がある場合は、第3章から、あるいは各自の関心に応じてどの章から読むこともできるようにした。

ただし本書では、教育実践に寄与できるため、現実の子どものあり方から学ぶことのできる教育学がめざされるとしても、本書が従来の教育学に対してどのような立場を取るかについてあらかじめ具体的に示しておくことは、必要であろう。そこで第1章では、乳幼児についての教育思想を初めて体系的に確立し、現在の乳幼児教育に対して直接的にも間接的にも大きな影響を与えているため、乳幼児教育学の父と呼ばれているフレーベルの乳幼児観を再検討する。このことにより、本書で探ることになる具体的な内容と、この内容に即した本書の構成について、あらかじめ明確にしておくことにしたい。

以上のことから、本書は、フレーベルに導かれることによって乳幼児教育の具体的な事実に焦点を当てながらも、同時に、現象学に基づいた人間のとらえ方についての導入書でもあることをめざす。そのため、本書の最後に、現象学に基づく教育研究や、より広く人間の営みに関する現象学的なとらえ方について関心や興味をさらに深められるような参考文献を、簡単な内容紹介と共に、あげておくことにした。本書が、それらの参考文献を通して現象学の深く豊かな世界へと向かうための誘いとなれば、と願っている。

以上の趣旨から、外国語文献から引用する場合は、本書における訳語の統一のためだけではなく、哲学などにおける通常の訳語をわかりやすい日本語として訳すため、邦訳があるものからの引用にさいし、必ずしも邦訳書にはしたがわなかった。そのため、筆者自身のこれまでの訳語とも異なる日本語で訳した言葉がいくつかある。こうしたことから、従来の筆者自身の訳語や通常の訳語との関係を明示するため、それらの言葉のいくつかを初出時に〔＝　〕で添えることにした。

なお、本書では以下の記号などを使う。

〔 〕は、筆者による補足を示す。

《 》は、常套句・思考内容・言葉の意味・比喩的表現などを示す。

引用にさいし、a.a.O. は同書を、ebd. は同所を、ibid. は同書か同所を、f. は以下を、vgl. と cf. は参照を意味する。

……は、引用文中の省略を示す。

引用文中の強調体やイタリック体やその他の記号は、その文脈において意味をもつため、引用にさいしては、原則として無視する。

（ ）は、原語を挿入する以外は、その旨を付記する。

最後になったが、これまでの筆者のいくつかの出版に加え、さらに今回も出版をお引き受けくださった、東京大学出版会に心からお礼を申しあげたい。さらには、『感受性を育む』（二〇〇八年）と『表情の感受性』（二〇一一年）に引き続き、今回も編集の労をとってくださった後藤健介さんには、格別の想いをもって感謝の言葉を述べさせていただきたい。後藤さんからは、読者の立場からの貴重な意見や提案等を編集段階において毎回いただいてきた。今回も本書の刊行がこうして現実のものとなったのは、一重に後藤さんのご尽力の賜物である。

二〇一三年一月

筆　者

子どもから学ぶ教育学——目　次

第6章　園における乳幼児のあり方　149

第1章
フレーベルの教育思想から導かれる本書の課題

本書では、あくまでも教育実践と密接に関わらせながら、乳幼児教育に関する具体的な事柄について探っていくことになる。しかし、本書がこのことをめざすとしても、理論的には今日の乳幼児教育に関わる様々な思想の基礎を確立し、しかも幼稚園の普及運動に尽力したため、乳幼児教育の父とも呼ばれている、フレーベル（一七八二－一八五二）の教育思想について触れないわけにはいかないであろう。そこで、本書の課題を具体的に追求する前に、フレーベルの教育思想に対する本書の立場について簡単に述べておきたい。このことにより、乳幼児教育に関しすでに膨大な研究がなされている現状における本書の立場を際立たせたい。そのうえで、乳幼児教育に関するフレーベルの優れた洞察に依拠しながらも、彼の教育思想の問題点を現実の具体的な教育実践の事実からのり超えるための観点を引きだすことにより、本書の課題を導きだしたい。

・フレーベルに対する本書の立場

フレーベルの人物研究や彼の教育思想やドイツにおける彼による幼稚園普及活動などについては、すでに多くの研究が積み重ねられている。そのため、こうした研究成果に対して新たなことを再発見することは、本書の課題から大きく外れることになろう。しかし、西欧化されている社会における幼稚園だけではなく、保育所や家庭での乳幼児に対する教育は、間接的には、フレーベルがめざした乳幼児教育の影響を何らかの形で受け継いでいる。あるいは少なくとも、彼が実現しようとした乳幼児教育の理念が現実に実践されているほど、彼の残した功績が現在においてもかなりの部分で生かされていることも否定できないであろう。それゆえ、フレーベルについて語ることなしには、乳幼児教育に関する教育思想については何も語れない、といっても決して過言ではないほどである。

こうしたことから、フレーベルに関する多くの先行研究は、例えば、彼の生涯を追いながら、彼の教育思想の根幹をなしている子どもに備わる神性を出発点としたうえで、こうした神性を健全に育むための乳幼児教育のあり方をフレーベルが提起していることの現代的な意味を明らかにしている。さらには、彼によって恩物《おんぶつ》（＝現在の積み木にかなり近い遊具）と名づけられた遊具に託されているフレーベルの教育観と子どもの発達観や、遊びや作業を中心とした幼稚園における教育内容の意義と子どもの活動や発達にとっての具体的な効果についてのかなり詳しい研究もある。さらには、当時のドイツにおける幼稚園普及運動において彼がはたした役割と以後への影響についての先行研究も多くある。

しかし、他方では、次章で簡単に触れることになる他の教育思想家の場合と同様、フレーベルの残した教育思想が現在においても生かされているということは、逆説的なことになるが、彼の教育思想を改めてことさら取りあげても、現在の教育実践に新たな観点を提起することがもはやできないのではないか、ということをも意味している。例えば、特別な目的をもった幼稚園を別にすれば、今日の多くの国の幼稚園では、遊びが子どもの活動の中心におかれており、その意義も多くの実践者や研究者によって認められている。フレーベルによって強調されていた家庭における教育の重要性も、今日においてはもはや当たりまえになっている。子どもは、実際に言葉を理解したり発するようになるかなり前から、親をはじめとするおとなの言葉を豊かな感受性によってとらえているとみなしているフレーベルの想いも、今日の発達心理学によってかなりの程度実証的に明らかにされている。

しかし、フレーベルのめざした乳幼児教育の理念が今日では当たりまえのことになっているからこそ、彼の言葉は、現在の乳幼児教育の現場では気づかれなくなっていることに改めて光を当ててくれることにもなるはずである。とはいえ、フレーベルの主張の多くには、他の教育思想家の例にもれず、当時の乳幼児教育の一般的な状況に新たな観点を提起するものであっても、現在の教育実践とのつながりという観点からすると、具体性に欠けることもかなりある。

そこで本章では、乳幼児教育の実践の現場ではすでに当たりまえのことになっていながらも気づかれなくなっていることに、フレーベルの言葉でもって改めて光を当てることにする。というのも、例えば、幼児にとっての遊びの重要性が当たりまえとなることによって、彼らが遊んでいる時のあり方や、遊んでいる個々の子どもにとっての遊びの豊かな意味が、逆にみえなくなっているからである。あるいは、家庭における教育の重要性が当たりまえのこととなることにより、子どもにとっての家庭における活動と保育所や幼稚園における活動との相違の本質がみえにくくなっているからである。そのため、子どもにとっての遊びの重要性を子ども自身のあり方から具体的に明らかにするには、子どもの個々の活動からだけではなく、遊びに備わる本質がまず明らかにされなければならないであろう。あるいは、家庭における子どもの活動やあり方と、保育所や幼稚園における子どもの活動やあり方との本質的な違いがまず明らかにされることによって、家庭における教育の特別な役割がはじめて明確になるはずである。言葉に対する子どもの感受性の豊かさを具体的にとらえるためには、言葉になる以前の、あるいは言葉を理解したり実際に発するまでにいたる子どもの内面におけるあり方をまず明らかにする必要があるはずである。

そこで以下本章では、今日においては当たりまえとなっていることを、その背景となっているフレーベルの言葉でもって改めて光を当てることにより、本書で探ることになる事柄の乳幼児教育にとっての意義をあらかじめ示しながら、本書の具体的な内容を整理するという仕方で、第2章以下の本書の構成を示しておきたい。そのため、フレーベルの教育思想について以下でなされる解釈は、先に述べたような通常のフレーベル研究とはかなり異なるものとならざるをえない(1)。

また同様の理由から、他の章と比べ、本章では、乳幼児教育に関する現実的で具体的な問題からいくぶんかは離れざるをえないであろう。しかし、本書の課題が今日の乳幼児教育に関わる様々な問題に対するいわゆる対処療法を示すことではないため、あらかじめ本書の課題を従来の乳幼児教育学の枠内に位置づけておくことも必要であろう。

以上の観点から、本章では以下、フレーベルの言葉を追いながらも、教育実践の個別性と教育研究の一般性、乳幼児の知覚能力の豊かさ、家庭における教育の特質、乳幼児の他者関係、幼児の言葉、といった本書の課題を本書の構成に即しながら導き、最後に、幼児の成長にとって非常に重要な意義を備えている遊びについて探ることの必要性に関して、述べておくことにしたい。

・教育実践の個別性と教育研究の一般性

フレーベルの教育思想の根幹にあるのは、すでによく知られているように、また彼の著作のかなりの部分で繰り返し強調されているように、乳幼児のあり方には神的なものがもともと宿っており、乳幼児のこうした神的なものをどのようにして健全に育んでいくか、ということである。というのは、フレーベルによれば、子どもは本来、神と同様の創造性をもって、自然と調和した高尚な神性を備えているため、乳幼児教育においては、子どものこうした神性を育むことが求められるべきである、とされているからである。このことを端的に表わしているのは、例えば、「人間の、すなわち子どもの誕生において、眼に見えないものが眼に見えるものとして――永遠なるものが有限なるものとして――天上的なものが地上的なものとして――精神的なものが身体的なものとして――神的なものが人間的なものとして――存在が現象として、すなわち現実的な存在として現われる」(II S. 384, 三 三三六頁)、という彼の言葉であろう。(2) しかし、こうした言葉からは、教育実践との具体的な関わりはほとんどみえてこない。

他方、例えば乳児の「最初の微笑みは、人間が尊厳のうちにあることを、すなわち本質のうちにあることを示す」(II S. 385f., 三 三三八頁) という言葉に続けて、フレーベルは次のようにいう。「まだ何も言えず、その他にはほとんど何も表現することのない子どもとしての人間は、微笑みを通して初めて周りの人たちの、まず第一には両親の、あるいは母親のうちにある、――その程度はともかく、すでに〔子ども自身によって〕意識されている〔ことなのだが〕――人間精神とお互いに通じ合うようになり、初めてそれと一体化することにいたる」(II S. 386, 三 三三八‐三三九頁)、と。この言葉からは、生まれたばかりの乳児でさえ、他の人間との、多くの場合は母親との精神的なつながりを生きており、しかもこのつながりが、微笑みを介して、人間の本質への尊厳として現実のものとなる、というフレーベルの子ども観が窺えるようになる。しかし、現実の教育実践に引きつければ、この言葉からは、次のような課題を明らかにしなければならないことが導かれる。すなわち、乳児には自分自身のことがどの程度まで意識されているのか。乳児と両親との一体化とはどのようなあり方なのか、ということを具体的に明らかにする必要が導かれることになる。

しかし、フレーベル自身は、乳児の自己意識や両親との一体化のあり方については、その内実に関し、ほとんど語ってはいない。そのためフレーベルのいうように、乳児の微笑みには、「人間の人格と唯一性（個別性）がすでに示されている」（II S. 386, 三 三三九頁、（ ）は原文のママ）ことが確かだとしても、乳児の人格や唯一性がどのようなものであるかについては、不明のままにとどまる。その結果、従来は、「子どもの生命や子どもの心と子どもの精神に関わる〔微笑み以外の〕その他の最初の表出もまた、その本質と意義にしたがって考慮されたり、真価を認められることがほとんどない」（II S. 386, 三 三三九頁）ことを指摘されても、その具体的な内実は明らかにされたことにはならないであろう。

フレーベルの場合にもこうした結果に陥らざるをえないのは、教育思想が教育一般に通じる理論を求めているからである。フレーベルも、彼の唱える教育方法はすべての人間の、とくにすべての子どもの本質と関わっている（vgl. I S. 432, S. 437, 三 一二〇頁、一二八頁参照）、としている。しかし、例えば乳児の最初の微笑みにしても、それがどのような状況において生みだされたのか、その時に示される人間の尊厳がどのようなものなのかが具体的にならないかぎり、個々の現実的な教育実践においては、乳児の微笑みの意味やその本質が十分に明らかにされたことにはならないであろう。

このように、教育思想は、すべての人間のための理論を築こうとすればするほど、一般的なものとならざるをえなくなる。その結果、こうした教育思想は、それぞれの個別性を備えた個々の子どもと親や保育者とのあいだで日々営まれる現実的で具体的な教育実践について語ることができなくなってしまう。

しかし、それにもかかわらず、本書の課題へと引きつければ、フレーベルが、個々の人間における個別的な側面と一般的な側面とを認めている、ということは注目に値する。このことについてフレーベル自身は、例えば次のように述べている。「人間は、個別的で特別な生きものではあるが、この教育によって、……一般的で全体的なものとして陶治《とうや》〔＝子どもに本来備わっている素晴らしさを引きだしながら人間形成を目指して教育〕されうる」（I S. 432, 三 一二〇頁）、と。あるいは、「この教育方法は、まさに個別的なもののなかに全体的なものを、特別なもののなかに一般的なものを直視することを示して教える」と同時に、「一般的なものや統一的なものは、特別なものや個別的なもの以外の何ものでもないものとして、現に存在しており、現象しうる、ということを示して教える」（I S. 437, 三 一二八頁）、といったことがフレーベル自身によって語られている。

そのうえでフレーベルは、このことを私という一人の人間のあり方へとおきかえ、私という自分にとって唯一無比の個別的な人間が、人類という一般的な人間のなかの一人であることを導き、次のようにいう。すなわち、私は、「自分のなかでは唯一の者であるが、しかし個別的な者ではない」のであり、「私は全体的な者の一員であり、それゆえ〔そのなかの〕一員であると同時に全体的な者であり、人類の一員として全体的な者なのである」（II S. 500f, 三 五二四頁）、と。

しかも、フレーベルは、自分自身にとってのこうしたあり方さえもが、自分の存在によって明らかになることを、次の言葉でつけ加えている。「唯一私によってのみ、すなわち唯一私を通してのみ、個々の人間においてみられる現象としての人類が、すなわち全体的な者としての人類が、再び若返り、革新させられる」（II S. 504, 三 五三一頁）というフレーベルの言葉からは、一人ひとりの人間こそが、個別的でありながらも全体的な人間のなかの一人であることの証である、ということが明らかになる。すなわち、個別的な私のあり方においてのみ、全体的な者としての人類のあり方が現実のものとして現われてくる、ということが導かれる。私という一個の人間は、他の誰とも替えがたい唯一無比の存在でありながらも、人類すべてに共通することとして、例えば教育を受けることによって、人類が積み重ねてきた文化遺産を再生産すると同時に、人類の一員としての私は、文化的遺産を私なりの仕方でさらに発展的に展開させることにもなるのである。

しかしながらフレーベルには、こうしたあり方についての具体的な記述はみられない。さらには、乳幼児がどのようにしてこうしたあり方を身に着けていくか、ということについての記述もみられない。

フレーベルにおいては、たしかに人間における個別的な側面と一般的な側面という、相反する側面を同時に備えている人間のあり方が、すなわち両義性が認められる。そのため、教育研究における一般性と教育実践における個別性との相反する関係を統合しようという、本書で探ろうとすることとのつながりがみえてくる。しかし、個別的な側面と一般的な側面の内実が語られていないかぎり、両者の関係もまた観念的なレベルにとどまったままである。そこで第2章ではまず、教育研究の一般性と教育実践の個別性という観点から、一般性と個別性の内実と両者の関係について探ることにする。そのうえで、一人ひとりの人間を、そのつどの一回的なかけがえのない存在として、すなわち実存としてとらえることによって、一人の個別的な人間である私のあり方においてこそ私の一般性が、一般性の根底にある普遍性として明らかになることを探る。(3) このことを探ったうえで、第2章の最後に、子どもの実存に基づく教育研究の具体例を示すことにしたい。

フレーベルは、以上で素描したように、一人の人間のあり方に備わる個別的でありながらも一般的であるという両義性を、彼が提案する教育方法の基盤においたうえで、彼がめざす乳幼児教育の主体的な担い手である乳幼児のあり方の豊かさを描きだしている。そして、フレーベルによって描きだされている乳幼児の豊かなあり方こそが、本書の課題を導いてくれるのである。

・知覚能力の豊かさ

フレーベルは、何よりもまず、一見すると自分一人では生きていけないと思われてしまう乳幼児のあり方に、この時期の子どもに特有の感覚の豊かさをみいだしている。

たしかに、我々にも容易にとらえられるように、おとなと同様の思考能力や論理的な認識能力は、乳幼児にいまだ十分に備わっていないことは、否定できないであろう。しかしフレーベルは、それらに代わり、我々おとなには失われてしまった感覚の鋭さが乳幼児のあり方の本質をなしているとし、例えば次のようにいう。誕生後の子どもには、たしかに「対象から抽象する思考や抽象された思考と、おとなに備わっているような洞察や判断は欠けている」が、「早期に、それどころかかなりの早期においても」、「ある一定の直接的な洞察と、対象と一体となっており、それだけ一層誤りなくあてになるような判断は決して欠けているわけではない」(II S. 389, 三 三四四頁)、と。しかも、こうした判断は、子どもに欠けている能力をたんに代理しているだけではなく、おとなよりも優れた感覚が子どもに備わっていることの根拠をなしている、とフレーベルはみなしている。すなわち、「子どもは、これらすべての状況や印象に対して、最も繊細なおとなよりも感受性がさらに豊かである」とされ、「心や精神の力に対して敏感に感知し察知できるような感覚が子どものなかに生きており、宿っており、働いている」、とされているのである（II S. 389, 三三四頁）。

しかし、乳幼児の感覚の豊かさがどのようなものであるかとか、それがどのように発揮されるかについての具体的な記述は、フレーベルにはほとんどみられない。たしかに、子どもの感覚のこうした豊かさは、乳児の場合にもみられる、とされている。例えばフレーベルは、新生児が乳呑み児と呼ばれるのは、「呑みこむということが……子どものほとんど唯一の活動だからである」（II S. 17, 二三頁）、とする。そのうえで、「この時期の人間〔＝乳児〕は、外界の多様性のみを受け取り、自分のなかに受け入れるのである、すなわち、彼（人間〔＝乳児〕）は呑みこむのであり、その人間の全存在がここでは〔すべてを〕我がものにしている眼なのである」（II S. 17, 二三頁、（ ）は原文のママ）とか、「子どもの全存在は、一つの大きな眼のようなものとして、諸印象へと開かれており、それらに引き渡され、身を委ねてしまっている」（II S. 17, 二四頁）、とされている。しかし、ここにおいても、乳児における外界のこうした受け取りや受け入れがどのような仕方でなされるかについては、語られていない(4)。

それゆえ、「幼子は、繊細な感覚をもっており、周りの者の心の揺れに誤りなく調子を合わせる」（Ⅱ S. 17, 二三二―二三三頁）という、乳幼児に対するフレーベルの鋭い観察力は、「我々はとくに、その内面的で精神的な根拠とその理由を探究しようと努力すべきであろう」（Ⅱ S. 390, 三三四五頁）という、我々に課せられた努力目標へとおきかえられてしまう。あるいは、先に述べたような乳幼児の感覚の豊かさや鋭さは「神から子どもに与えられた」（Ⅱ S. 390, 三三四四頁）とされることにより、神性がもともと子どもに宿っているという、彼の乳幼児教育観へと還元されてしまっている。

そこで第3章では、人間の乳幼児の豊かな感覚は彼らの知覚能力の豊かさに基づいていることを、狼に育てられた子どもの事例を使いながら、具体的に明らかにしたい。そのうえで、新生児の感覚の豊かさと鋭さに迫り、こうした豊かさと鋭さが、身体を介したおとなとの関わりによって育まれることについて、探ることにしたい。

ところで、歴史的には、子どもの工場労働を制限することに尽力したイギリスの社会改革家であるオウエン（一七七一―一八五八）が、フレーベルに先立って幼児のための施設を設立した、とされる。しかし、幼稚園（Kindergarten ＝子どもたちの庭）の名づけ親でもあり、本章でも引用しながら本書の課題の導きとしている乳幼児教育論を体系的に初めて確立し、また、ドイツにおける幼稚園の設立運動を精力的に進めたフレーベルは、同時に、家庭における乳幼児教育の役割の重要性についてもかなり詳しく考察している。というのも、現代においては当たりまえのことになっているが、当時の子育てにおいては、オウエンの尽力からも間接的に窺えるように、家庭における子どもへの教育の意義が強調されることはなかったからであろう。

・家庭における教育

フレーベルが家庭における教育の重要性を主張し、子どもを望ましいあり方へと導くための方法に関しかなり詳しく考察しているのは、当然のことながら、幼稚園に入園する以前に、子どもは家庭において多くのことを学び、様々な能力を身に着けているからである。

こうしたことからフレーベルは、まずなによりも、「子どもの心情は、高尚な感情や感覚に対して好んで自分を開く」ことや、「これらの高尚な感情や感覚が早くから子どもの心情に根づいている」ことを指摘する（II S. 400, 三 三六一頁）。しかもそのさい、「この感情や感覚が子どもの心情や境遇に近ければ、それだけより一層そうなる」（II S. 400, 三 三六一頁）ことから、子どもの境遇としては最も身近な家庭という場が乳幼児の教育にとって重要な役割を担っている、とみなされることになる。さらに、家庭におけるこうした役割を保障するためには、「人間にとって最も高尚で最も重要な人間の本質と本分についての認識と洞察に関し、家族の構成員全員のあいだでの純粋な調和と最も内的な一体性と統一」（II S. 339, 三 二六六頁）が必要である、とされる。このように、フレーベルは、家庭における家族のあり方が、子どもの教育にとって重要であることを、彼の著作の多くの箇所で主張している。

しかしここで注目すべきことは、家庭では、幼稚園に先立つ時期に見合った子どもの能力を幼稚園に入園する前の段階で子どもに身に着けさせることが生じているだけではない、とフレーベルがみなしていることである。フレーベルは、「家庭は、まったく特別な仕方で、高尚な生活の、つまり真の生活の智恵の中心的な場であり、しかもそれを育む場である」としたうえで、「そこでは、認識と行為とが常に最も密接に一体となっており、どちらもそれだけでは成立していない」のであり、「真の認識が生き生きとした活動的な行為へといたり、また行為が再び真の認識へといたる」(II S. 391, 三 三四六頁)、としている。すなわち、家族が日常生活を大きな支障なく送っていることは、日常生活に必要な様々な事柄を正しく認識していることだけを意味しているのではない。さらには、認識した結果を実際の行為でもって現実のものとしていると同時に、家庭内で様々な現実的な行為を実現することによって、新たな認識がえられるということが、家庭では日常的に生じている。そして、家庭では認識と行為とのこうした循環が子どもにとって最も典型的な仕方で実現されているため、家庭は子どもが現実に即した確実な認識を育める場となっているのである。

このことは、幼稚園よりも小学校以降の教育の場で子どもたちが学んでいることや、学び方と比べることによって、容易に明らかとなる。それらの教育施設で、子どもたちは、現実の日常生活からいったん切り離され、日常生活では直接経験できないような事柄について、やはり現実の日常世界ではしたことのないような仕方で、学ぶことになる。そのため、学校で認識したことをその場で行動に移すことが、直接めざされていない。他方、家庭において現実的な日常生活を営むことは、認識と行為との直接的な循環関係を可能にする、というフレーベルの指摘は、乳幼児期の子どもが何かを学ぶさいにとくに留意されるべき重要なことを改めて我々に気づかせてくれる。

しかしながら、ここにおいても再び、認識と行為との循環が家庭ならではの仕方でどのように展開されていくかに関しては、フレーベル自身によってはさほど多くは語られていない。こうしたことから第4章では、家庭では意図的な教育の場である幼稚園や保育所とは異なる仕方で子育てがなされていることを、すなわちフレーベルが着目した家庭での教育における行為と認識との循環関係の特質を描きたい。そのさい、家庭で子どもが教育されることの子どもにとっての現実性と根源性という観点を導きとしたい。

ところで、家庭での教育においてはもちろんのことであるが、子どもと日常的に親密に関わっているおとなという他者からなされる子どもへの働きかけが、子どもの成長にとって最も重要な役割をはたしていることは、明らかである。このことから、フレーベルもかなり詳細に、しかもかなり多くの箇所で、子どもとおとなとの関係について考察している。

・乳幼児の他者関係

フレーベルは、子どもの他者関係について考察するさいにも、やはり子どもの感覚の豊かさを認め、言葉や身体的振る舞いを介して親と関われるようになるかなり前から、子どもは親から何らかのことを感じている、ということを強調している。すなわち、「子どもは心のうちで、母親が彼に語りかけることを彼なりの仕方で理解しているように、あるいは少なくとも感受しているようにみえる」（II S. 387, 三 三四一頁）、とされている。しかもフレーベルは、言葉や身体を使った子どもの表現能力が十分に機能していない時期には、そうであるからこそ一層、子どもは自分の想いをおとなに伝えようとしている、とみなしている。「いまだ役にたたず、うまく使いこなせない発話器官の制限によってそうすること〔=自分の想いを言葉で伝えること〕が妨げられている」ため、より一層、子どもの「内面的なものは……〔自分を外へと〕表わしたがっている」（II S. 387, 三 三四一頁）ことになるのである。

こうした仕方で外に表われてくる内面的なものとしての子どもの精神は、彼らの眼差しにおいて最も顕著に認められることから、フレーベルは、幼児の眼差しを取りあげ、次のようにいう。すなわち、「子どもの眼差しには、どれほどの問いや吟味や熟慮や比較が語りだされていることか！」（II S. 387, 三 三四二頁）、と。

しかも、すでに引用したように、乳幼児は他者の感情や感覚をとらえ自分のなかで育むということから、フレーベルは、こうして育まれた感情や感覚が子どもの表現を介しておとなにとらえられるようになる、とみなすことになる。そのうえでフレーベルは、このようにして子どもの精神が表現されるさいにその「根底に潜んでいる」のは何かを問い、この問いに対して自ら、「それは〔おとなとの〕一体性についての感受性である」、と答えている（II S. 401, 三 三六二頁）。というのは、「人間の最初の根本的な感受性は、一体性や共同性や一体化されていることについての感受性である」（II S. 401, 三 三六二–三六三頁）からである。

人間の根本的な感受性を他者との一体性などについての感受性とみなすことにより、フレーベルは、子どもの成長にともない、次のような過程をへて、両親との一体性などが形成されなければならないことを導きだす。すなわち、「子どもは自分の生を通して、自分の心情を通して、自分の精神を通して、まず生と心情と精神を感知し、後になって初めてそれらを把握することにいたる」（II S. 407, 三 三七一－三七二頁）、と。それゆえ、「両親が、自分の生を尊重し、承認し、育みながら自分を支えてくれている、と子どもが感じること以上に、子どもと両親とを一体化させてくれるものはないのであり、その反対の感情以上に子どもを両親から切り離すものはない」（II S. 407, 三 三七一－三七二頁）、と。そのうえでフレーベルは、おとなとのこうした「共同性の感情」に基づく「一体性」を「共同感情」と呼び（II S. 18, 二 三四－三五頁）、共同感情を育むことが乳幼児教育にとって最重要の課題となる、としている。

しかも、すでに引用したように（本書六頁）、微笑みが人間の尊厳や本質を示すことから、こうした共同感情に関してフレーベルが重んじているのは、子どもの微笑みが彼らの成長にともないどのようなより高次の機能をはたすようになるか、ということである。フレーベルによると、「子どもの初めての微笑み」は、「たんに身体的な自己感情や、それどころか自分に固有の感情においてだけではなく、さらには、まず母親と子どものもとでの、次いで父親や兄弟姉妹のもとでの、その後には、兄弟姉妹や〔その他の〕人間や子どもとのあいだでの、身体的でありながらもより高次の共同感情においても、〔それらの感情の〕根拠となっている」（II S. 18, 二 三四頁）、とされるのである。乳児の最初の微笑みは、たしかに当初は、身体的な状態の外に表われた表現でしかない。しかし、乳児が成長するにつれて、多くの他者とのあいだで共同感情をいだけるようになった時には、母親とのあいだで生じた乳児の最初の微笑みは、それらの共同感情の根拠となる、とフレーベルはみなしているのである。

このように、母子間から始まる共同感情が、それを根拠としてさらに他の多くの人間とのあいだでも築かれるということからも、先に述べた家庭における教育の重要性がここでも認められることになる。しかも、共同感情がはじめに築かれる最初の微笑みを介した母子間の共同感情が、先の引用文からすれば、他の多くの人間とのあいだでの共同感情の根拠となっていることからすると、それがいまだ母親とのあいだにとどまっている時期にも、潜在的には、すでに乳児の「最初の感情の根底には、より高次の精神的な一体化が潜んでいる」（II S. 18, 二三四頁）ことになる。また、このより高次の精神的な一体化は、「人類や〔それどころか〕神との共同感情や一体化の状態」と結びつけられている（II S. 18, 二三五頁）という言葉と合わせてとらえれば、ここにおいても、フレーベルにおける神性観が明確に窺える。というのは、こうした共同感情が「すべての真の宗教心の……究極の萌芽」（II S. 18, 二三五頁）である、とみなされているからである。しかし、乳幼児の対人関係において重要な役割をはたしている共同感情の内実だけではなく、それが子どもとおとなとのあいだでどのような過程をへて他の多くの人間とのあいだで育まれるかについては、フレーベルによっては、やはり語られていない。

しかしそれにもかかわらず、本書で乳幼児の他者関係を具体的に探るさいに重要な手がかりとなるのは、「宗教的感覚」でさえ、幼児は「概念を介したり、概念のなかで理解するのではなく、内面的なものを介して、内面的なもののなかで理解するのである」（II S. 19, 二三六頁）、というフレーベルの言葉である。しかも、こうした内面的なもののなかでの理解が可能になるのは、「子どもにとっての両親が、子どもの内奥にぼんやりと予感しつつまどろんでいる高尚なものを表現するための仲介者であり媒介者である」（II S. 407, 三三七三）からである、とされていることである。

そこで、第5章では、乳幼児が両親をはじめとする彼らにとって親密で慣れ親しまれているおとなとのあいだで築くことになる一体化と、一体化の基礎となっている共同感情という観点から、乳幼児の他者関係について探ることにしたい。しかもそのさい、フレーベルによって、ぼんやりとした予感と呼ばれているものが、実際におとなから明確に示されるものよりも、乳幼児に対してははるかに大きな影響を与えていることと、乳幼児のこうした予感の豊かさについても探ることにしたい。

では、他者関係における子どもの表情のはたしている機能や内面的なもののなかでの理解といった、他者に明確にとらえられない感覚と対極をなす、言葉で明確にお互いの想いや感情を伝え合うことは、子どもにとってどのようなものであるとフレーベルはとらえているのであろうか。

• 言葉

ここまで考察してきたフレーベルによる幼児のとらえ方からも予想されるように、フレーベルは、言葉として明確に表現される前の内面で生じている人間のあり方を重視する。フレーベルは、「一般的に言葉とは、自分の内面的なものが……外面化されたものを通して、自発的に描きだして〔他者に〕提示することである」（II S. 160, 二二四二頁）とみなすことにより、自分の内面的なものを言葉によって外にもたらす、ということを言葉の本質としている。すなわち、「あるものを砕くことがそのものの内面を、しかもそのものの最も内奥を告げ知らせるのと同様、言葉を話すということは、あたかも自分を〔噛み〕砕き、自分自身のなかで自分を分節化し、分離し、〔他者と〕分かつ、という仕方で、〔噛み〕砕きながら－話すことである」（II S. 160, 二二四二頁）、という(5)。

フレーベルにおいては、言葉はこのように内奥の生の噛み砕きである以上、言葉の使用にさいしては、その概念的な意味が重視されるのではない。言葉を話すことは、話し方の細部にいたるまで話し手の内奥の表現となっていなければならない、ということが重視されている。すなわちフレーベルは、「人間の言葉が完全なものとなるためには、……最も流動的で最も軽妙な活動を介して、最も微妙な点にいたるまで自分を告げ知らせなければならない」（II S. 161, 二二四三頁）、という。フレーベルはこのことを比喩的に、「言葉は、その最も繊細な繊維のなかにまで到達し、内面的な生を完全な全体的生へと仕上げる」（II S. 162, 二二四五頁）というにとどまらず、さらに、「言葉は、いわば自分のすべてでもって、あらゆる側面にわたって常に自分自身を告げ知らせるため、人間そのもの〔の表現〕でなければならない」（II S. 161, 二二四三頁）、とさえいう。

そのうえでフレーベルは、言葉は内奥の外面化であるだけにとどまらず、外界を内に取りこむことを媒介している、ということにも注意をうながす。というのも、すでに乳児でさえ外界を呑みこむような仕方で、対象と一つになっており、対象そのものの直接的な印象を受け入れていることからすれば、言葉は外界の本質の「模写」でもなければならない（Ⅱ S. 161, 二 二四三頁）からである。すなわち、「言葉になるさいには、人間の本質もそうであるように、自然の全本質もまた告げ知らされる」（Ⅱ S. 161, 二 二四三頁）からである。言葉は、内面的なものを外のものへと「媒介する」側面と、外のものを内面的なものへと「結びつける」側面という、「言葉の本質によって条件づけられる二重性」がフレーベルによって際立たされることになる（Ⅱ S. 162, 二 二四四頁）。

しかしフレーベルは、言葉のこうした二重性が幼児の言葉の使用のさいに具体的にどのように機能しているかについては、ほとんど語っておらず、発音上の近似性について、多くの言葉を引き合いにだしながら考察しているだけである。そこで第8章では、言葉の以上のような内奥の噛み砕きと内界と外界との二重の意味での媒介の仕方が、幼児の言葉の使用において具体的にどのように機能しているかについて探ることにしたい。

ここまではフレーベルの言葉に依拠しながらその問題点を指摘することによって、本書の課題を導いてきたが、本章の最後に、幼児の遊びについても同様のことをしておきたい。というのは、遊びは幼児の活動にとって非常に大きな意義を備えており、フレーベル自身も子どもにとっての遊びの重要性について多く語っているからである。

・遊び

フレーベルが、子どもにとっての遊びの重要性を強調するのは、オウエンを引き合いにだしながらすでに簡単に触れたように（本書一二頁）、子どもが労働力の一部とみなされていた当時の社会状況から子どもを守ろうとしたからである、という側面は否定できないであろう。実際、フレーベルは、このことを子どもの遊びに引きつけて、あえて、「この時期の子どもの遊びは、……戯れではなく、高尚な真剣さと深遠な意義を備えている」（Ⅱ S. 34, 二 六一頁）といっていることからも、遊びにおいてこそ子どもに特有のあり方が保障されるという、フレーベルの想いが間接的に窺える。

しかしフレーベルは、子どもの遊びを軽視する当時の社会状況に反してその意義を唱えているだけではない。そもそも子どもの遊びには、子どものあり方の本質が典型的な仕方で現われている、という遊びに独特の機能に着目し、遊びにおいてこそ子どもは健全に成長することができることをフレーベルは強調しているのである。

そもそも、「……子どもや少年の自由な専心没頭の世界は、とくに彼らの遊びは、意義深く意味深いのであり、象徴的である」（Ⅱ S. 380, 三 三二九頁以下）ため、幼児教育について考えるためには、まず何よりも子どもの遊びについて考察しなければならないのである。そのさいに注意しなければならないのは、この引用文中の「象徴的（sinnbildlich ＝意味を具体化するような）」という言葉が、通常遊びについて考察するさいに、遊びの世界は、現実の世界とは切り離されているが、現実の世界を象徴的（symbolisch）な仕方で反映している、という意味で使われるのとは異なった意味をもっている、ということである。この引用文に続けて、フレーベルは次のように述べている。子どもの遊びが「〈内面を外に〉表明することと表明の仕方は、人間精神の内面的な生と努力のある一定の状態と発展段階を表現しており、また人間の本質そのものの特質と要求を表現している」のであり、「子どもや少年の遊びや専心没頭や活動」は、「人間の本質と人間精神の直接的な要求から発現し、直接それらと関係する」（II S. 380, 三 三三〇頁）、と。この引用文からは明らかに、フレーベルにおいては、子どもの遊びには、彼の基本的な考え方に沿った仕方で、内面的な状態やその発展が遊びを通して外に現われていること、それゆえ、子どものこうしたあり方が反映されているという意味で、子どもの遊びは象徴的である、とされていることがわかる。

こうしたことから、言葉と同様、「遊びとは、内面の自由な提示であり、内面自体の必然性と欲求に発する内面の提示のことである」（II S. 33, 二 五九頁）、ということがここでも強調されることになる。

そのうえでフレーベルは、自分の内面を象徴的な仕方で外へと提示していることを遊びの本質としながらも、同時に、遊びに特徴的に備わる両義性にも注意を喚起している。フレーベルは、一方で、「遊びは常に、子どもの生活の総体と同様、自然の総体と調和していなければならない」（I S. 465, 三 一七四頁）というように、遊びが現実の生活や人間を取り巻く自然とも調和した、現実の出来事とみなしている。しかし同時に他方では、遊びが現実の出来事とは一線を画していることと、そうであるからこそ、現実の世界と遊びの世界との関係について、以下のように述べている。「遊びは、教育的な真剣さと生活に深く食いこむ意義と高尚な奥ゆかしさを獲得する」が、同時にまた遊びを介して、「真剣な状態にある生活もまた軽やかになり、しかも〔遊びの意義が〕深く食いこんだ意義を備えている生活は、〔軽やかさを〕堪能している遊びのように、軽やかとなる」（I S. 465, 三 一七四頁以下）、と。フレーベルにとっては、遊びはあくまでも人間や自然の総体との調和の産物であり、人間の内面が外に表わされたものである以上、現実の生活における真剣さと高尚な奥ゆかしさを備えていなければならない。しかし同時に、遊びに特徴的な軽やかさは、現実の生活にも深く影響を与える、という側面についてもフレーベルによって語られる。

すなわち、「外的な生活と現実が拒むものを子どもや少年の遊びが人々に示してくれる」（II S. 382, 三 三三三頁）という言葉から明らかなように、遊びは現実の出来事とは異なることがフレーベル自身によって語られることになる。そして、「子どもや少年の遊びの精神と本質〔が現実の人生の成果を引きずっているの〕と同様、〔彼らの遊びもまた、〕こうした人生に〔遊びの〕成果を残す」（II S. 382, 三 三三二頁以下）という、遊びと現実の人生との循環関係が導きだされるのである。

以上で考察したように、フレーベルにおいては、子どもの遊びは、彼らの内面の本質が外に表わされたものであるだけではない。さらには、現実の人生から切り離されていながらも、それとの循環関係にある遊びは、人生の真剣さと遊びに特徴的な軽やかさという両義性を備えたものとしてとらえられていることが明らかになった。

しかし、こうしたとらえ方は、たしかに子どもの遊びの特質の一部を明るみにもたらしてくれてはいても、遊びの本質をなしているところの、想像力によって遊びの世界が創造されているという事態については、フレーベル自身によってはほとんど語られていない。そのため、子どもの遊びの高尚な奥ゆかしさや、遊びにおける真剣さと軽やかさという両義性については、具体的にはほとんど明らかにされてはいないのである。そこで、第9章では、遊びにおける両義性と子どもの模倣と創造力の豊かさについて具体的に探りたい。

本章では、乳幼児教育における教育思想の創始者であり、幼稚園の設立とその普及に自分の生涯をかけたフレーベルの言葉を丁寧に引用することにより、あくまでも教育思想の枠内にとどまりながら、従来の教育思想に欠けていた教育実践との密接な関わりを具体的に展開するために本書で課題とすべきことが導かれた。そこで、次章からはこの課題を探ることになる。

しかし、幼稚園や保育所といった意図的な教育の場が子どもにとってどのような空間であり、そこでの時間は子どもにとってどのように意識されているか、ということに関しては、フレーベルと共に探ることはしなかった。というのは、当時の時代背景からして当然であろうが、実際に幼稚園を設立し運営していくためには、幼稚園が建築上どのような環境のもとに、どのような遊具や備品や設備を必要としているかとか、保育内容を実践するための時間割などを具体的に提示することがフレーベルにとって急務の課題であった、と考えられるからである。実際、幼稚園の遊具がどのようなものであり、それがどのような仕方で子どもに使用されることによって、子どもの感覚が豊かに育まれるかについて、フレーベルはかなり詳しく考察している。その結果、よく知られているように、フレーベルによって考案された遊具は、恩物《おんぶつ》〔＝神の恩恵によって与えられた物〕と呼ばれることになる。また幼児のための施設は、子どもたちの庭を意味するキンダーガルテンというドイツ語があてられることになり、そこは花壇や菜園や果物の木などの設備によって囲まれることになった。

しかし、現代における幼稚園や保育所といった意図的な教育の場について探るさいには、フレーベルによってめざされた幼稚園という空間とそこでの時間の流れからは、今日の乳幼児教育における実践に直接つながるような観点はもはやみいだせないであろう。そこで、他の章とは異なり、フレーベルからは直接導かれることのない観点から、第6章では、意図的な教育の場である保育所や幼稚園における子どものあり方について、また第7章では、そうした場における子どもにとっての空間と時間について探ることにしたい。

そこで、まず次章で、本書の課題を導いてくれたフレーベルを含めた教育哲学者によって思索されている教育思想と本書の課題としている現実的で具体的な教育実践との関係について、探ってみたい。そのさいには、すでに触れたように、フレーベルによっても語られていた一般性と個別性との関係を軸とすることによって、本書の課題である、教育実践に密接に関わることのできる教育研究の可能性を具体化したい。そのうえで、第3章以降では、フレーベルの教育思想についての本章における再検討を通して導きだされた本書の構成に即して、現実の子どもから学ぶ教育学の課題を具体的に探ることにしたい。

（1）フレーベルに関する総括的で体系的な研究については、荘司雅子や小笠原道雄などの著作を参考にしていただきたい。

（2）本章に限り Friedrich Fröbel's gesammelte pädagogische Schriften からの引用は、Abt. 1（Bd. 1）をⅠの、Abt. 1（Bd. 2）をⅡの略記号で、邦訳書第二巻を二の、第三巻を三の略記号で表わす。

（3）実存という言葉は、哲学になじみのない場合には、かなりとらえにくい言葉であろう。《そのつどのかけがえのない一回限りの人間のあり方》を意味する実存という言葉は、日常語としては、《個性》という言葉といくぶんかは共通している。しかし、個性という言葉は、個々の人間の性格等、その人間に備わっている特徴を指している。他方、実存は、たとえ似たような特徴を備えている人間であっても、《個々の実存は異なる》、といった使われ方をする。というのは、実存とは、個性をも背後で支えており、ある人間のいわゆる《生き様》といった、その人間の根源的なあり方を意味する言葉だからである。そのため、私が行なったことはもはや取り返しがつかず一回限りであり、またその結果は、たとえどれほど辛くても私自身で引き受けざるをえない、というあり方をも意味することになる。と同時に、私にとっての世界や他者関係を私だけに固有のものとしているのは、他の誰でもない私自身であるということも、実存という言葉に含まれている。私自身のこうした根源的なあり方を意味する言葉であるため、哲学になじみのない場合には、実存という言葉の意味を理解するよりも、この言葉が使われている文章を介して、そこに描かれている事態をとらえることによって、実存という言葉に対する感覚を身に着けることの方が、実存という言葉に即したとらえ方になるはずである。その他、本書で理解することが難しいと感じられる言葉に出会ったさいにも、実存という言葉の場合と同様の感じ方を磨くことが、現象学に即した読み方になるはずである。

（4）その代わりに、乳児にあたるドイツ語の Säugling が、文字通りには呑みこむ（saugen）幼子（ling）を意味していることや、呑みこむというドイツ語の saugen から語頭の s を取ると、ドイツ語で眼を意味する Auge になることが指摘されているだけである。しかし、saugen と Auge とのあいだには、語源学的にも、また文字通りにも、本来は何の関係もない。そのため、このことに関するフレーベルの主張がたとえ正しいとしても、その根拠が示されているわけではなく、《呑みこむこと》と《眼》というドイツ語のいわば語呂合わせによって、彼の主張が成りたっているだけでしかない。フレーベル全集の訳者も指摘しているように、フレーベルにはこうした言葉の使い方が多くみられる。

（5）ここでもフレーベルは、ドイツ語における《呑みこむこと》や《乳児》と《眼》との語呂合わせと同様、話すことを意味するドイツ語の sprechen の s と p とのあいだに ich を挿入し、さらに無声と有声との違いはあるが、いずれも同じ両唇破裂音である p と b との発音上の近似性を利用して、sprechen を sich（＝自分を）brechen（＝砕く）と読ませることにより、話すことは自分を噛み砕くことである、とみなす。そのため、わかりやすく話すことを日本語で《〔噛み〕砕いて話す》という場合とは異なり、ここにおいても、話すことと砕くことという二つのドイツ語には、語源学的にも、文字通りにも、意味上の関係を本来はみいだせない。

第2章
教育実践のための教育学

教育思想が現実の教育の場で営まれている具体的な教育実践と密接に関われるような理論となることを改めてめざすのは、従来の教育思想が、個々の教育思想家の違いを超えて、それらに共通する問題をはらんでいた、と考えられるからである。そこで本章では、従来の教育思想に共通する問題点を学問における一般性にみいだし、その克服の観点として、学問における一般性を満たしつつ教育実践における個別性をどのようにして保持することが可能となるかを探ることにする。そのため、まず従来の教育思想の問題点を指摘する。そのうえで、教育研究における一般性と教育実践における個別性とを同時に満たしうる人間のあり方を、そのつどの一回的なかけがえのない人間のあり方としての実存という観点からとらえなおし、実存に基づく教育研究とはどのようなものかを具体的に示すことにしたい。

・従来の教育思想の問題点

フレーベルもその一人である、偉大な教育思想家は、教育とは本来人間のどのような営みであり、教育される者が望ましい方向へといたるためにはどのようなことが必要かといったことについて、多くの貴重な示唆を与えてくれている。

しかし、そうした偉大な教育思想家の思想について考察することは、本書の課題から大きく外れるため、ここで彼らの教育思想について詳しく論述することはできないが、あえてごく簡単に紹介すれば、例えば次のような教育思想家の思想があげられるであろう。

最も古典的なものとして、古代ギリシアにおいてソクラテス（紀元前四七〇－三九九）は、教える者の無知の知を説き、教える者は何も知らないことを自ら知っているからこそ、教えられる者がすでにもっている知識を引きだすことができる、ということを主張した。こうした教育の仕方は、まさに産婆が子どもをこの世に送りだすのと同様の仕方で知識を生みだすため、ソクラテスの産婆術と呼ばれている。

教育思想史においていわば聖書に値するといわれている『エミール』の著者であるフランスの教育思想家のルソー（一七一二－一七七八）は、当時主流であった理性を重んじる教育よりも、その前に感覚器官を訓練することが必要であることを主張した。というのも、ルソーは、教育の目的は子どもをおとなへと導くことではなく、子どもの成長の各段階にはその段階に応じた子どもに固有の世界があり、そうした子どもに固有のあり方をゆがめることなく発揮させるための手助けをするのが教育の目的である、としたからである。

スイスの教育学者であったペスタロッチ（一七四六－一八二七）は、いわゆる貧困家庭の子どもたちに対する教育の必要性を説き、言葉や概念を通してではなく、まず感覚器官を育てることが必要であるとし、実物を使った直観教授の方法論をうちたてた。そのため、ルソーの影響を強く受けているとされるが、ルソーの『エミール』が家庭教師による教育論であるのに対し、ペスタロッチは、学校教育に考察の視点を移している。また、教育の目的を、いわゆる読み・書き・算にとどまらず、子どもの人格形成にある、とした。

ペスタロッチの教育思想を受け継いだドイツの教育学者であるヘルバルト（一七七六－一八四一）は、近代教育学の基礎を確立したといわれ、明瞭・連合・系統・方法という四段階の教授法を提起し、道徳教育を介した品性の陶冶を教育の第一目標においた。

アメリカの哲学者であり教育学者でもあるデューイ（一八五九－一九五二）は、教育思想に関する幅広い理論的貢献から、現在においても教育哲学者の関心を引きつけており、彼の思想を簡単にまとめることは非常に難しいほどである。あえて一言で述べれば、彼の代表的な著作の一つである『民主主義と教育』という書名にあるように、教育が社会との関係を抜きにしては考えられないこと、また、やはり彼の代表的著作の一つである『学校と社会』において強調されているように、現実の社会生活に基づく子どもの関心や興味を大事にし、教育の目的は生活することと切り離せない、ということを導きだしている。こうしたことから、いわゆる児童中心主義の創始者でもある、ともいわれている。

非常に簡略な仕方でしかないが、またごくわずかな教育学者の場合でしかないが、以上で取りあげた教育学者において典型的となることは、次のことである。すなわち、こうした教育思想は、今日においてもなお、教師や子どもにとって望ましい教育理念や教育環境や教育内容や教育方法のもとで教育したり教育される可能性を切り拓いた、ということである。それゆえ、こうした教育思想の価値は、決して軽んじられてはならないことは、いうまでもない。

それにもかかわらず、今日においてもいまだ教育思想研究が求められるのは、なぜなのだろうか。この問いに答えるための手がかりとして、かつての教育思想がはたしてきた役割にまず注目したい。教育思想が今日にいたるまでの教育実践を導くことができたのは、とくに近代の教育思想において典型的なように、それらがすべての教育する者と教育される者に一般的に妥当するからではないか、と考えられる。実際、過去の偉大な教育思想家がめざし、今日の近代化されている教育環境や教育制度では当たりまえのこととなっているように、原則として、生まれや育ちや性別や年齢などに関わりなく、すべての子どもたちに教育の機会が均等に与えられている。

そうである以上、かつて教育の機会均等が保障されていなかった時代には、例えば先に簡単にふれたペスタロッチにおける一般民衆への教育思想において典型的となるように、教育の意義と可能性について思索することがたとえどれほど意義があったとしても、それらの意義が今日の教育状況においてそのまま妥当することはないはずである。同様に、前章で本書の課題を導くための端緒とした、フレーベルによる乳幼児教育についての思想や、幼稚園設立のための普及活動などは、当時の状況では、非常に意義のあるものだったはずである。しかし、乳幼児教育についてフレーベルのめざした教育理念や教育制度が、その後発展的に展開し、現在では彼のめざしたことがある程度実現されている。そうである以上、今日の教育思想には、新たな課題が課せられているはずである。

こうした新たな課題の一つとして最近とくに強調されているのは、教育実践に基づくとか、教育実践のためのとか、さらには、現実の教育実践から出発した教育研究の必要性についての主張である。こうした主張が、教育実践の現場からだけではなく、教育研究者からもなされることから明らかになるのは、教育思想を含めた従来の理論的な教育研究が教育実践との結びつきをみいだすことができないという事態が、実践者だけではなく、研究者にも自覚されてきている、ということであろう。事実、筆者が知るかぎり、実践者と研究者との共同研究の必要性がいずれの側からも主張され、またそうした共同研究もかなり盛んになっている。しかもこうした共同研究の場では、たとえ間接的な仕方であろうとも、かつてほどには、教育思想について問題となることはほとんどなくなりつつある。

しかし、教育研究をめぐる現在のこうした状況にもかかわらず、乳幼児に対する虐待やネグレクト、あるいはいわゆる《いじめ》や、それが原因となった子どもの自殺や、校内暴力や、生徒による万引きや喫煙や飲酒といった、教育の荒廃といわれる出来事は、事例の数だけではなく、内容に関しても、悪化の傾向をたどっていることは、誰もが認めるであろう。

こうした状況に陥っているのは、教育思想をはじめとした、教育実践に密接に関わることが求められている教育理論自体が何らかの問題を根本的にはらんでいるからではないだろうか。フレーベルの思想を含めたかつての教育思想が求めてやまなかった、すべての人間にとっての教育の意義と可能性を実現するためには、教育する者と教育される者とに共通する教育思想と教育実践を普及させる必要があったにもかかわらず、教育に関するこうした普及には、何らかの根本的な問題が隠されていたのではないだろうか。

たしかに、一般性と応用可能性は、必ずしも教育研究においてのみ求められるだけではない。そもそも学問が現に生きている人間の生に寄与すべきものでなければならない以上、すべての学問にとっても、これらのことは求められているはずである。そうでなければ、どのような研究も、いわば研究のための研究に陥らざるをえなくなってしまう。しかも、こうした一般性と応用可能性は、教育研究に対してだけではなく、教育実践に対しても、本来求められるべきことになる。なぜならば、ある教育実践が優れたものであるならば、その実践は他の教育実践の現場へと一般化されて応用されるべきである、と考えられるからである。

しかし、昨今における教育研究者と教育実践者との共同作業や、両者に共有できるような研究や実践の促進にもかかわらず、先に述べたように、教育の荒廃は悪化の一途をたどっている。このことからすると、従来の教育研究を踏襲するだけでは、教育実践に密接に関わろうとする教育研究とはならないのではないか、という疑問が湧いてこざるをえない。

だが、本書の課題は、教育のこうした荒廃について考察することではないため、教育の荒廃の個々の問題について直接触れることはしない。本章では、教育研究と教育実践における一人ひとりの人間の個別性に関わる事柄に限定して、研究における一般性の問題について探ることにする。以下でまずは、教育研究と教育実践との関係について考察し、実践に密接に関わることのできる教育研究とはどのようなものであるか、ということを示しておきたい。

・一般的な教育研究の不十分さ

例えば、フレーベルのような教育思想家が、それまでとは異なる人間観や子ども観をうちたて、それに沿う教育実践の方向を提示するだけでは、先に述べたことからして、現代においては、もはやまったく不十分であろう。そのため、発達心理学のような実証的な研究は、現実の教育や子どもの発達に基づこうとする。しかし教育研究は、その結果が特定の教育や子どもの発達について妥当するだけでは、学問にならないだけではなく、実践一般に通用するようなものとはならない。そのため、教育研究においては、やはりその成果がどのような教育や子どもの発達にとっても当てはまるようなものとなることを求めざるをえなくなる。すなわち、研究の成果が一般的なものになることがめざされることになる。

しかし、原則としてはほぼすべての人間に対する教育が普及している状況では、研究の成果が一般的であることは、その研究の成果自体がすでに達成されていることを意味しているはずである。

例えば、発達心理学がある年齢の子どもたちの一般的な知的能力や身体能力がどのようなものであるかをみつけだしたとしても、それは、すでに発達心理学の成果に見合った能力を備えている子どもたちの能力でしかない。それゆえ、こうした研究の成果は、せいぜい、研究成果を尺度にして、一般的な発達水準に達していない子どもをみつけだすことしかできないはずである。そして現実には、いわゆる何らかの障碍《しょうがい》をもった子どもが、こうした尺度に基づいて診断されているのが現状である。

しかし、現実の教育実践の現場では、とくに同年齢の子どもたちによっていわゆる横割りのクラス編成がなされている学校や保育所や幼稚園では、そもそものはじめから、発達心理学がいうところの、一般的な能力をある程度均等に備えている子どもたちが教育を受けている、ということが前提となっている。しかし現実には、年齢の低い乳幼児教育の場合はとくにそうであるが、月齢差による子どもたちの能力の違いが顕著になる。そのためたしかに、発達心理学がいうところの、平均的な子どもの発達水準を知ることは、子どもたちを集団として教育する場合の目安を与えてくれることは確かであろう。

しかし、日常的に個々の子どもに対する教育が実際になされている幼稚園や保育所といった教育現場では、発達心理学の成果が与えてくれる平均的な子どもの発達水準や、月齢差による各種の能力の違いよりも、その時々の子どもの気分や感情や身体の状態などによって、あるいはその時々の課題や場所や時間などに応じて、子どもの活動がまったく異なっている。その時々の周りの状況と子どもの状態によって、子どもの活動がまったく異なっており、その違いにおとなが適切に対応するためには、発達心理学だけではなく、いわゆる経験知がある程度の助けとなるであろう。しかしそれだけでは、子どもに適切に対応することはできない。例えば、午前中は元気に遊んでいた子どもが、午後になると急にむつかりだし、保育者がいくら手立てを講じてもまったく効果がないといったことは、保育の現場では、日常的にしばしば生じている。しかし一般的な理論の成果は、こうした時にはほとんど役にたたない。また、保育者が何らかの理論を介することなく日々の教育実践によってそれまでに蓄積してきた経験知だけでもって十分に対応できるならば、教育研究の必要はなくなってしまうであろう。

例えば、幼稚園の年少では、入園後しばらくのあいだ一日じゅう「ママがいない」と泣いていて、ほとんど活動できない子どもが多くみられる。そうした時に、発達心理学が教えてくれるのは、次のようなことであろう。ちょうど三歳ころは自我が確立しはじめる時期であるため、こうした子どもは、その移行期にあり、母子分離にさいして大きな不安をまだいだいているだけであるから、発達段階からするとさほど問題となる行動ではない、と。それゆえ、こうした場合には、発達心理学の成果は、それなりの示唆を教育現場に与えてくれることは、否定できない。

しかしここで探ってみたいことは、そうした時でさえ、発達心理学をはじめとする、研究の一般的な成果は、教育実践に対して適切な示唆を本当に与えているか、ということである。

たしかに一見すると、先の例では、一日じゅう保育室で泣き続けているのは、子どもがいまだ自我を確立しておらず、そのため母子分離ができていないからである、ということを知ることは、その子どもの泣いている理由を知ることができる、ということになる。そのため、子どものある活動が生じた理由を知ることは、子どもの活動を、ひいては子ども自体を理解できたような気分にしてくれる。しかし、こうした仕方で子どもを理解することは、この時期の子ども一般の発達段階に照らし合わせて、子どもを理解したことにしかならない。そのため、こうした理解をしている者は、当のその子どもを理解しているのではなく、この時期の子どもたち一般の一事例としてしか、その子どもをとらえていないことになってしまう。その結果、一日じゅう泣き続けている当の子どもの不安感ややるせなさや、あるいは親から見捨てられたのではないかという恐怖感などは、とらえられないままとなる。というのは、そもそも人間をとらえるさいに、人間のある活動の原因などを知ろうとすることは、その人間のその時々の内面の状態や、そうした状態にある時のその人間にとっての外的状況をとらえることではないからである。すなわち、その人間の今現在のその場で生じていること自体を切り捨てることにしかならないからである。

先の例で具体的に述べれば、例えば、母子分離のさいに母親の後を必死に追おうとしているのか、部屋の隅にうずくまって泣き続けているのか、泣きながらも自分の席に座り続けているのか、などの違いによって、この子どものその時のあり方とこの子どものおかれている状況は、それぞれ異なっている。こうした違いがあるにもかかわらず、この違いを切り捨て、子どものそれらすべての活動の理由や原因をいまだ母子分離ができていないということに求めることは、その子どもを理解した気分になることでしかない。比喩的にいえば、その子どものそのつどの現実的で具体的な状態と状況がいわば《ほっておかれる》ことに、それゆえ、場合によっては、そのつどその場で異なるあり方をしているその子どもを、泣き続けるままにその場に実際に《ほっておく》、ということにもなりかねない。

一般性を求める教育研究にあまりにも頼りすぎることによって、教育実践の現場で現実の子どもを理解しようとすると、以上で述べたようないわゆる表面的な子ども理解に陥ってしまう危険がかなりある。他方、教育実践の現場では、ある場所である時に生じている子どもの個々の状態をその子どもが生きている状況に即してとらえることが求められている。すなわち、教育実践においては、何よりも個々の個別的なことが重視されることになる。そのため、教育研究における一般性と、教育実践における個別性は、それぞれの目的を達成しようとすると、お互いに他方を排除することになってしまうことにさえなりかねない。

・教育実践に即した教育研究

しかしだからといって、教育思想や発達心理学などの従来の教育研究のすべてが教育実践にとって不必要である、ということにはならないであろう。教育研究によって現実の教育実践における人間のとらえ方が表面的になってしまうのは、その研究によってえられた成果を尺度として、現実の人間を一般的なものの一事例とみなすからである。こうしたことからすれば、そうした理論に導かれて表面的な人間理解に陥ることを避けるための、従来とは異なる新たな教育研究が必要となるはずである。

教育実践に即した教育研究がめざすべきことは、従来とは異なり、具体的な個々の活動場面における人間のあり方をとらえること、あるいはそのための具体的な方法を示すことである。しかしそのさいに気をつけなければならないのは、我々の日常的な他者のとらえ方は、そのほとんどが一般化された学問の成果によって暗黙のうちに影響を受けている、ということである。例えば、教育実践の現場でよく聞かれる言葉として、おとなの立場から一方的に子どもを理解することを避けるため、《子どもの目線に立つ》という言い回しがある。たしかにこの言い回しは、教育する立場にあるおとなが、いわば上から子どもを見下すことを防いではくれる。しかし、子どもの目線と同じ高さとなるようにと自分も実際にしゃがみこんで、子どもと同じように周りの状況を眺めたとしても、それだけでは、子どもにとっての状況の現われ方がおとなにもみえるようになるわけでは決してない。というのは、本書で詳しく探られるように、子どもとおとなとでは、というよりも、そもそも他者と私とでは、自分の周りの状況を同じように眺められるとはかぎらないからである。

さらには、家庭での子育ても広い意味での教育実践とみなせば、現実の教育は、おとなという、あるいは他の子どもという、他者との関係のなかで営まれている。しかも、子どもにとってのそうした他者は、親や保育所の保育士や幼稚園の教師や、他の親しい友だちである。そのため、子どもへの教育は、当の子どもにとって親しく信頼のおける人間関係のなかで展開されることになる。あるいは、初めて保育所や幼稚園に通園することになる子どもにとっては、そこで出会うことになるおとなや同年齢の子どもたちがそれまでは見知らぬ他者であっても、彼らはそれらの他者たちと親密な関係をしだいに築いていく。

すると、子どもへの教育は、親しい他者との人間関係のなかで展開していくことになる。他方、いわゆる発達心理学の場合がそうであるように、実験室で行なわれる場合にとくに典型的となるが、たとえ心理学者が子どもの日常生活の場面に赴いて子どもの活動を研究する場合でさえ、研究協力者である子どもにとってのおとなは、彼らにとって慣れ親しまれていない者でしかない。しかもこのことは、乳幼児教育においてとくに明らかとなる、いわゆる子どもの《人見知り》を考慮しても、人間関係についての次のような本質的なあり方を見逃していることと密接に関わってくる。

我々おとな同士の場合でもそうであるが、人間関係が親密になればなるほど、私による他者理解は、一般的な仕方では満足できないものとなる。例えば恋人同士のあいだでは、他方の言葉遣いや身のこなし方がいつもとほんのわずかにでも違っていることが感じられると、自分に対する相手の気持ちが非常に気になってくる。子どもの場合にも同様のことが生じるのであり、例えば親のちょっとした表情や話し方の変化や、さらにはそれらの微妙な揺れ動きによって、子どもは何らかのことを敏感にとらえてしまう。それどころか、こうした身体的な現われの変化だけではなく、たとえおとなが子どもに悟られないようにと表にはださないようにしている内面の想いさえもが、子どもに感知されてしまう、ということがしばしば生じる。そのため、子どものこうした感知の仕方を、子どもの豊かな感受性の問題として、研究する必要がでてこざるをえなくなる。

こうしたことから、例えば子どもの心や身体の発達に関して、何歳ではしかじかの能力が獲得されるとか、何歳になるとしかじかのことができるようになる、といった一般的な研究成果や、さらには子育てに関する一般的な知識に基づいて子どもを理解するだけでは、まったく不十分であることが明らかとなる。例えば、生後まもなくすると、子どもの泣き方の微妙な違いから、母親は、乳児が空腹なのか、眠たいのか、オムツが汚れているのか、抱き方が悪いのか、室温が適切でないのか、といったことをとらえられるようになる。こうした母親の場合に典型的に明らかとなるように、子どもと身近に接しているおとなも、子どもの状態や子どもがおかれている状況のわずかな変化や違いを感じられるようになる。

さらには、教師が何か特別な想いをもっていると、その想いが子どもに伝わって、子どもは課題により集中し、教育の結果がより望ましいものになるという、教育実践におけるホーソン効果がある。あるいは、教師が、内心秘かにある子どもの能力を高めに評価していると、その子どもの学力は、当初はその子どもと同程度の能力を備えていたにもかかわらず、その子どもよりも能力が劣っているとみなされている子どもよりも、結果として向上する、というピグマリオン効果もある。中学校以降で教科担任制になり、教師のことが好きになるとその教師の担当している教科の成績があがる、というのもピグマリオン効果の現われであろう。

それどころか、子どもに対する教育は、おとなの側からの特別な想いをともなってなされることが多いだけではない。むしろ、そうした想いがない教育は、教育の形骸化を招く、とさえ言われるほどである。とくに乳幼児に対する子育てにおいて典型的となるように、愛しい我が子への愛情がなければ、そもそも本来の親子関係は成りたちえない。自分の子どもが特別であるという良い意味でのいわゆる《親ばか》といったあり方は、子育てにおいてはむしろ当然のことである。他方、自分の子どもも他の子どもと同様偏見なくとらえられるような仕方で子どもを理解したり、子どもに接することによっては、そもそも通常の親子関係はそこなわれてしまう。また、保育所や幼稚園においても、たしかに親子関係ほどではないとしても、教師と子どもとのあいだで同様のことが生じているはずである。そのため、最近はそう言われることが少なくなったようであるが、いわゆる客観的に、ということはおとなの欲目なしに子どもと接することは、子どもの通常の他者関係を研究することにはならないのである。

以上で素描したように、そもそも教育に関しては、一般的な研究やその成果は、現実の教育において生じていることには通用しないことの方がむしろ健全なことであり、偶然生じたり、たまたま生じたように思われる人間関係のなかでこそ、教育の具体的な営みは展開しているのである。それゆえ、教育実践に即した教育研究においては、こうした一見すると一般性のない人間間の出来事に、すなわち一般化によってはこぼれ落ちてしまう偶然的で個別的な出来事にどれだけ迫れるか、ということが重要になってくるのである。

では、教育実践に即した教育研究は、具体的にはどのようになされうるのであろうか。

・そのつどの一回的なかけがえのない存在としての実存

以上で述べたように、一般性を求める教育理論の成果に基づいて人間をとらえることによって陥る表面的な人間理解を避け、特定の個々の人間のその時その場での状態とその人間が生きている状況に即して人間をとらえるためにまず必要なことは、教育の営みと、その営みの主体である子どもとおとなを、一般的なものの一事例とみなしてはならない、ということであった。このことは、そもそも人間の営み自体についていえることである。

人間のすべての営みは、当の人間にとっては、他の人間とは取り替えられることのない、唯一無比のものである。例えば、幼稚園などで子どもたちが合唱している時に、一人だけ合唱に参加しておらず、他の遊びをしている子どもだけが特別な活動をしているのではない。合唱をしている一人ひとりの子どもも、やはり自分の主体性をもって、他の誰でもない自分自身が、他の活動をするのではなく、他の子どもたちみんなと合唱することを、自分で能動的に選んでいる。そうである以上、他の活動ではなくみんなと一緒にあえて合唱をしていること自体が、一人ひとりの子どもにとっては、特別な想いとあり方に支えられた個別的な活動なのである。このことは、例えばみんなと一緒に合唱した子どもが、帰宅後に母親に対して生き生きと嬉しそうに、「今日みんなと一緒に○○を歌ったんだ」、と報告する姿に如実に現われている。

さらに人間の場合には、たとえかつてと同じ活動をしていても、その時々の一回ごとの活動は、繰り返しが不可能な唯一無比のものとなっている。例えば、子どもが昨日と同じような絵を同じように描いている時にも、その子どもにとっては昨日とは異なり、今現在のその場で、昨日と同じ絵を描いている以上、昨日絵を描いた時とまったく同じ活動をしているのではない。今日の活動は、昨日の活動を再びしているという点で、すなわち、昨日と同じ活動を今日も繰り返しているという点で、昨日の活動とは異なっているのである。

本書が導きとしている現象学に属するある哲学は、こうした観点から人間の存在を実存と表現しているため、実存哲学と呼ばれている。たしかに、実存哲学者によって実存のとらえ方には、多少の違いや、とらえる観点の違いが認められる。しかし、本書では、先に述べたような観点からとらえられる人間の存在を、実存と呼ぶことにしたい。すなわち、一般性と応用可能性を求めるあまり、人間のあり方を唯一無比のものとしてではなく、一般的なものの一事例とみなす従来の教育研究とは対比的に、他の誰とも取り替えられることなく、繰り返すことができず、また一回なされてしまったことは取り消しようがない唯一無比の人間のあり方を、実存という言葉で表現することにしたい(1)。

では、以上の意味で子どもたち一人ひとりのあり方を実存としてとらえる教育研究は、どのような研究であり、どのようにして可能となるのだろうか。

・実存に基づく教育研究の可能性

人間の存在を実存とみなして人間について研究することは、一人ひとりの人間のその時その場での存在とその活動の唯一無比性に定位しながら、すなわち、一人ひとりの人間の実存から出発し最後までその実存をそこなうことなく、人間をとらえることを意味する。要するに、一人ひとりの人間に一貫して寄り添いながら研究することを意味する。すると、とりあえずは形式的ないい方でしかないが、実存に基づく教育研究には、研究の成果を一般化したり、その成果でもって、教育に関わる他の事象に応用したり、それらを説明したりすることが求められるのではないことになる。そうではなく、教育実践がそうであるように、一人ひとりの子どものその時その場でのあり方を、その子どもに即した仕方で明らかにすることが、教育研究には求められる。と同時に、教育に関わる事象を、そうすることのない場合には、隠されていたり、とらえそこなわれていた次元にまでさかのぼって、それらを明るみにもたらすことがめざされることになる。

それゆえ、実存に基づく教育研究においては、実存に寄り添って研究すること自体が、自ら実践に参加するかどうかにはかかわりなく、一人ひとりの人間のあり方に寄り添いながら研究することになる。その結果、研究されることがなければ隠されていた、当の人間の生を支えている根底に迫ろうと試みることがめざされる。

しかも、そうした仕方で人間の存在の根底に迫ることによって、教育研究が教育実践に寄与できるのは、こうした試み自体が、実践において一人ひとりの子どもを深い次元で豊かに理解し、彼らのあり方に寄り添った人間関係を彼らと結ぶことに直接つながるからである。それゆえ、実存に基づく教育研究は、人間存在に深く迫ろうとしている、例えば哲学のような思索が必要なのである。とくに本書で描かれることになるような仕方で子どもを理解しつつ、子どもの教育について探るためには、現象学による導きが必要になる。というのも、現象学は、なによりもまず《事柄それ自体へ》ということを、本書の課題に引きつければ、《子どものあり方それ自体へ》ということを順守する哲学だからである。

すなわち、一般化を求める従来の研究においてめざされていた関係を逆転させ、現象学に基づきながら精神病理学を独特の仕方で展開している木村敏のいうように、「具体の上にではなくて、具体の底に一般を見、一般が個別を含むのではなくて逆に個別が一般を含む」（木村、一一五頁）ようなとらえ方が必要なのである。そしてこのことは、「個の中に深く沈潜することによって、個別化の極致において個を超える」（同所）ことにより可能となる。個々の人間を一般的な人間のあり方の一事例とみなすのではなく、個々人の根底に控えている人間のあり方をその本質としてとらえることによって、個別的な一人ひとりの人間の実存に寄り添うことができるようになる。このことは、人間の本質についての哲学的な記述と事例となっている人間に生じていることの解釈とが、同時並行的になされることによって可能となる。哲学的な思索によって記述されていることを事例に即して解釈しながら、同時に、現実に生きられている具体的な人間のあり方でもって哲学的な思索を厚みのあるものにし、哲学的な思索に欠けていたことをさらに展開することによって、可能になる。

つまり、哲学の言葉を事例に即した仕方で解釈しなおすという、より発展的なパラフレーズをしながら、現実の人間の生き方の根底となっている本質を明るみにもたらすことにより、哲学的な思索を事柄それ自体に即してさらに深めることによって可能となるのである。

そこで、このことがどのようにして教育研究において可能になるかを、幼児のデッサンについて哲学に独特の言葉で記述している、フランスの現象学者であるメルロ゠ポンティ（一九〇八―一九六一）の思索を例として、具体的に示しておきたい。

・実存に基づく教育研究の具体例

私は、ある幼児が父親の絵を夢中になって描いている場面に遭遇する。その絵は、ある時にある場所で描かれている一枚の絵であることから、私は、その絵と個別的に出会うことになる。しかし、絵を描いている幼児と同様の感受性を備えていないおとなとしての私は、例えば、頭部がかなり大きく描かれているため、それと首以下の部分が現実のおとなの身体とは異なるバランスで描かれていたり、背景が描かれていなかったり、遠近法が使われていない、といった幼児の描画に特有の稚拙さしかみいだすことができない。私はせいぜい、この稚拙さが子どもらしい無邪気さの現われであろう、といったことを秘かに微笑ましく思うだけである。そこで私は、ふと、昨日も先週もこの幼児がほとんど同じ絵を描いていたことを思いだす。しかしこのことを思いだしても、私には、先に述べた以外のことはこの絵から何もみいだせない。それどころか、むしろこの幼児の絵はパターン化されているだけでしかない、とみなしてしまう。しかし同時に、この子どもの父親は船員で、今は家を長期にわたって不在にしていることを、かつてこの子ども自身が私に語ってくれたことから思いだし、今この子どもは寂しい想いをいだいているだろう、と同情することしかできない。

そうした私がメルロ-ポンティの次の言葉に出会う。メルロ-ポンティは、「幼児のデッサン」は、「何の保証もなしに世界の存在を回復しようと試みるような表現操作」(Merleau-Ponty, 1969, p. 210, 二〇〇頁) である、という。というのは、メルロ-ポンティによると、幼児は、「個別的-普遍的視覚を通してもの〔=者や物〕と直接交流している」(Merleau-Ponty, 1953, p. 55, 一八四頁) からである。幼児は、現実的な視覚によってそのつど個別的な人間や物を見ながら、同時に、その人間や物の根底に潜んでいる本質的なものとも、すなわち、個別的なものの本質であるためにその個別的な人間や物の他の場合のすべてにおいて、あるいはそれらと同様のあり方をしている人間や物の根底において共通しているという意味で、それらに普遍的なこととも直接交流しているからである。そうであるからこそ、幼児のデッサンとは、「〔彼らに〕与えられた対象や行為を〔身体的に〕再現するという方法を用いることによって、本質的なものに到達しようとする」(ibid., 同書一八三頁)、ということでもある。

メルロ-ポンティによる哲学に独特のこれらの言葉に接することにより、私は、幼児が父親の絵を描いている場面を次のようにパラフレーズしながらとらえなおすことができるようになる。

その絵には、その幼児の個別的でありながらも普遍的な視覚によって何らかの本質的なものが描かれているのであれば、私の眼の前で今実際に描かれている一枚のこの個別的な絵から、その本質を感じさせてくれるものをとらえようと、私は試みる。なぜならば、メルロ－ポンティのいうように、幼児の視覚がものと直接交流し、しかもそのことによって、本質的なものに到達しようとしているならば、その本質を示唆するものが、私が今見ているこの個別的な一枚の絵のなかに何らかの仕方で描かれているはずだからである。そう思って改めてその絵をじっと眺めていると、昨日や先週見たその子どもの絵に描かれていた父親の表情が笑顔であることに私は気づく。しかし、その子どもに対して父親が常に笑顔で接していたとはかぎらない。それどころか、その子どもが語ってくれたことによると、父親は、不在がちであり、しかもこの時点でも長期にわたって不在にしている。それにもかかわらず、この子どもが描く父親の表情は、いつも笑顔なのである。

ここにいたって私は初めて、メルロ－ポンティによっては具体例が何も示されていない、先に引用した哲学に独特の言葉で記述されていることの内実が明るみにだされるのを感じることができるようになる。すなわち、自分たち家族のそばにいつもいてくれないが、陰で自分たちをたえず見守ってくれる父親の優しさが、一枚のこの個別的な絵の普遍的な本質である、ということが私にとって明らかになるのである。

この絵の場合に、自分たち家族への父親の優しさがこの子どもにとっての父親の本質であるのは、この子どもがいつも笑顔の父親の絵を描いているからではない。すなわち、この子どもの描く父親がいつも同じ笑顔であるという、実際に眼で見ることのできるそれぞれの個別的な多くの絵が一般的に同じであるからではない。そうではなく、私がある時に出会ったその子どもの一枚の個別的なデッサンの根底には、不在の時を含め、直接眼で見ることのできない父親の普遍的な優しさが含まれているからである。それゆえこの子どもは、父親のこうした優しさという本質をこの絵の根底に含ませるためには、他の描き方はできないのであり、またしたくないことになる。というのも、メルロ－ポンティの言葉にあったように、幼児のデッサンが世界の存在を回復しようとする試みならば、この子どもは、この絵を描く時にはいつも、父親の優しさに支えられている自分や家族の世界やその世界内の出来事や物の存在を回復しようとしているのであり、さらには、メルロ－ポンティの思索を超えて、こうした絵を描くことにより、この子どもは、現実には自分のそばには今いない父親と共に存在していることになるからである。するとここにおいて、メルロ－ポンティの思索は、現実のこの子どものあり方によって厚みをもたらされると同時に、より豊かに展開されることになるのである。

幼児が絵を描く時にはこうしたことが生じているとしても、私にこのことが閃《ひらめ》いてきたのは、この子どもの描いた多くの絵を見て、それらに共通している父親の笑顔に気づいたからでしかない。すなわち、絵を描いている幼児と同様の感受性をもっていないおとなとしての私には、一枚の個別的な絵からは、こうした本質がとらえられなかったのである。

しかしたとえそうだとしても、この時の私に閃いてきたことは、一枚のこの個別的な絵がパターン化されたこの子どもの絵のなかの一つでしかないことや、この幼児の絵のおとなからみた稚拙さといった、この絵に含まれている本質が閃いてくる以前に私がいだいていた想いとはまったく異なっている。すなわち、以前の私は、一枚のこの個別的な絵はこの子どもの一般的な描き方の、すなわちパターン化された一事例でしかない、と思っていたのである。さらには、この年齢の子どもが描く絵に一般的にみられる遠近法が取り入れられていないということや、幼児に特有の一般的な《塗り絵》や《お絵かき》の一個別例としてしか、この絵をとらえていなかったのである。

こうした私に先に述べたことが閃いてきたのは、先に引用したメルロ－ポンティの言葉に出会うことによってである。メルロ－ポンティの文章を介して、彼の思索に出会ったからである。すると、メルロ－ポンティの思索の本質は、この場合は、現実の一枚の個別的な子どもの絵に実際に出会うことによって、初めて明るみにもたらされたことになる。

同様のことは、哲学や教育思想を含め、どのような思想においてもいえるはずである。そもそも、これまでは誰も考えていなかったことを思索することに、思索者の個別的な独創性があるはずである。そのため、思索の内容が個別的であることが、思索の独創性を保障していることになり、思索の内容は、それが独創的であるあいだは、いまだ普遍的なものとはなっていない。したがって、ある思索者の内面で初めて徹底的に考えぬかれた個別的な思索内容が、たとえその思索の根底に本質的なものを含んでいたとしても、その本質は、何らかの現実の個別において閃きでてこなければ、それは決して普遍的な本質とはなりえないのである。

以上のことを先に述べた幼児の絵の場合で具体的に述べれば、次のようになる。幼児のあの絵は、メルロ＝ポンティの思索の正しさを証明するための一事例ではなく、あの幼児の絵において、彼の思索の根底に含まれている本質が明るみにもたらされているのである、と。いいかえれば、あの絵がメルロ＝ポンティの思索の本質を語りだしているのである。[2]それゆえ、哲学における思索の普遍的な本質は、個別的なものの根底に含まれている時にのみ、その個別的なものを介して閃いてくるのであり、そうした個別的なものには、思索の普遍的な本質が凝縮されているのである。

ある特定の個別的な幼児の絵に出会い、そのうえで哲学であるかぎり普遍的な思索となることをめざしているメルロ＝ポンティの言葉に出会うことによって、これら二つに出会った人間に以上のことが生じるならば、この時に生じているのは、次のことになる。子どもに生じていることに寄り添いながらも、その子どものその時々のその場での個別的なあり方の根底に含まれている、その子どもにとっての本質が閃いてくる。と同時に、メルロ＝ポンティという思索者の言葉の根底に含まれている本質に出会いながら、その本質が閃いてくることにも出会うことになる。

するとこの時に初めて、教育実践に寄り添う教育研究の課題が達成される可能性が開かれてくることになるのではないだろうか。しかも、メルロ＝ポンティに導かれることによってこうしたことが可能になることからすると、メルロ＝ポンティを含め本書で導きとしている現象学は、こうした課題の達成のための優れた道筋の一つなのではないだろうか。というのは、現象学は、それぞれの現象学者によってその方法や言葉や論述の仕方や、解明している事柄はどれほど異なっていようとも、《事柄それ自体へ》ということを合言葉として、本書で以下具体的に探るように、現象学を遂行する者自身に、解明される事柄自体がその根底に秘かに潜ませている本質を、現象学に特有の言葉でもって閃きださせてくれるからである。

そこで次章では、以上で述べられたような仕方で、一人ひとりの人間のあり方である実存に寄り添いながら、本書で課題としている乳幼児教育の本質に迫るための導入として、狼に育てられた子どもの生育過程をまず簡単に紹介する。そのうえで、この子どもの個別的な成長過程に含まれている本質をとらえることによって、第4章以下で乳幼児の教育実践に寄り添うことのできるような教育学のあり方を具体的に探っていくことにする。

(1) 哲学になじみのない場合に実存という言葉を当面どのようにとらえたらいいかについては、第1章の注(3)を参照。

(2) まったく同様の仕方でハイデガーがゴッホの「一足の靴」の絵の本質について語っていることについては、中田(二〇一一a)を参照。

第3章
乳幼児の感受性と身体

日常的に生じているためにあまりにも当たりまえとなっている教育の営みが実はどのようなことであるかは、通常とは異なる仕方で子どもが育てられる場合との比較によって、際立たされるであろう。そこで本章ではまず、狼に育てられた子どもの成長過程について簡単に考察しておきたい。こうした子どもについての報告はいくつかあるが、とくに本章の課題にとって貴重な示唆を与えてくれるのは、ゲゼル（一八八〇—一九六一）によって報告されているカマラとアマラの事例である。

たしかに、彼女らが本当に狼に育てられたのか、ということに関しては、その真偽が問題視されるような報告もある。しかし、少なくとも彼女らがシング牧師夫妻のもとに連れてこられた時には、狼の習性を身に着けており、その後、シング夫人の献身的な養育によって、人間の文化にある程度なじめるようになった過程で彼女らが示した多くの劇的な変化は、人間の子どもが生後どのようにしてその子どもの属している文化や環境や習慣になじんでいくかについて、多くの示唆を与えてくれる。というのも、通常、両親が属する文化のなかで育てられる場合には、あまりにも当たりまえとなっているために見逃されているところの、乳幼児の成長において本質的な機能をはたしているものがどのようなことであるかが、この事例の特異さを介して、我々に実感されるからである。

そこで以下では、ゲゼルの『狼にそだてられた子』で報告されていることに基づき、カマラの成長の歩みをまず追う。そのうえで、彼女の人間としての成長からみえてくる乳幼児の知覚能力と感受性の豊かさについて探る。最後に、乳幼児と彼らを育てているおとなとのあいだで両者の身体がどのように機能しているかを、メルロ-ポンティを手がかりとして探ることにしたい。

・狼に育てられた子どもの成長過程

一九二〇年にインドのある村で、推定でしかないが、一歳半ころに狼の群れから保護され、その一年後に死亡したアマラと、八歳ころにアマラと一緒に保護され、以後一七歳までの九年間を生きたカマラがシング夫妻のもとにきた時には、二人とも狼の習性を身に着けていた。移動する時や走る時には、両手と両足を使っていた。こうした走り方であるにもかかわらず、その速さはおとなでも追いつけないほどであった（ゲゼル、五五頁以下参照）。昼間は部屋の隅にうずくまっており、半ば寝ているようなうとうとした状態であった。夜になると、眼を輝かせてあたりをうろつきまわり、一定の時刻になると、狼の声で「遠ぼえ」をしていた（同書四一頁）。誰かが彼女たちに近づくと、歯をむきだしにして唸り声をあげていた。睡眠する時は、カマラがアマラを包みこむような仕方で、二人は抱き合って寝ていた。

水を飲むさいには、両手を使って容器をつかんでそれを自分の口もとにもってくることはなく、地面におかれた器に自分の口を近づけて直接飲むという、いわゆる「グランドマナー（＝地べた式）」であった（同書五八頁）。

以上で素描したように、彼女らの身体運動は、かなり狼に近いものであり、また、知覚も狼に特有のものであった。とくに臭覚は優れており、七〇～八〇メートル先の鶏の腐肉の臭いを嗅ぎつけ、それを食べていた（同書六〇頁）。生肉をどこに隠そうとも、その臭いを嗅ぎつけては、勝手に食べていた。こうしたいわゆる盗み食いがなくなるまでには、五年ほどかかった。しかも、加熱処理をほどこされた肉は食べることができず、生肉を好み、腐肉さえ好んで食べた。しかし、このことによって消化不良になるなどの体調の変化はみられなかった（同書三八頁参照）。シング夫人に身体を洗ってもらうことに慣れるようになっても、当初は、温かいお湯を拒否し、冷たい水でのみ洗ってもらうことを許した。

このようにカマラとアマラは、保護された当時は、まさに狼に特有の感覚でもって生活していたのである。

そうしたカマラが初めて人間らしい振る舞いをしたのは、彼女らが保護されて一年後にアマラが死んだ時である。アマラの死にさいし、カマラは「最初の涙を二滴」流し、その後しばらくは悲しみに打ちひしがれて、「アマラが死んだその場所を動かなかった」ほどである（同書七〇頁）。

そうしたカマラも、しだいに人間らしい振る舞いをみせるようになる。それまでは椅子の上など

において ある食べ物に素早く近づいて、それを口にくわえて取りあげると、一目散に部屋の隅に行き、そこで食べていた。しかし、保護されてから二年ほどたつと、シング夫人の手からビスケットを受け取るようになる。また、このころになると、シング夫人を「マー」と呼ぶようになり、のどが渇くと、「ブーブー」と言って、飲み物を自分から要求するようになる（同書七五頁）。

こうしたカマラに対し、シング夫人がとくに重要視したのは、入浴のさいに自分の手でカマラの身体をマッサージすることであった。カマラは、お湯のなかでマッサージを受けることにより、しだいに心理的な「安定感」をいだけるようになっていく（同書五一頁以下）。

こうしてカマラは、しだいに人間らしい感覚と振る舞いをみせるようになる。その結果、保護されてから六年後には、「二本の足で歩いた」（同書八〇頁）。死亡前には、言葉を十数語しゃべるようになる。暗闇を怖がるようになる。散歩する時は、シング夫人のそばを離れなくなる。生肉や腐肉を嫌い、調理したものしか食べなくなる。冷たい水ではなく、温かい水で入浴するようになる。恥じらいや笑顔の表情が頻繁にでてくる。孤独を避けるようになる。幼い子どもの世話をするようになり、そのことをシング夫人に褒められると、恥らったような笑いの表情をするようになる。シング夫人に褒められそうな仕事を自分から積極的にするようになる（以上、同書七五頁以下）。

こうしてカマラは、保護されてから九年後の一八歳になると、人間の幼児とほぼ同様の仕方で感覚したり活動するようになるまで成長したのである。

以上で素描したカマラの人間としての成長過程から容易に明らかとなるのは、人間の子どもとして生まれたとしても、二足歩行でさえ、人間の文化のなかで育てられなければ不可能である、ということである。なによりも注目すべきは、身体の運動能力や身体感覚も、やはり人間の文化のなかで育てられなければ、人間らしいものとはならない、ということである。カマラがそうであったように、狼の文化のなかで育てられれば、運動能力や知覚能力についても、かなりの程度まで狼と同様のものが獲得されるのである。

こうしたカマラの事例からは、人間にかぎらず、生きものの適応能力の高さが改めて際立ってくる。しかし、この事例からたんに人間の子どもの適応能力の高さを導きだすだけでは、養育や保育の本質はみえてこない。そこで次に、カマラの事例から、養育や保育の本質を探っていきたい。

・知覚能力を育むこと

先に述べたように、運動能力に関するカマラの適応能力の高さは認めざるをえない。しかしここでは、運動能力は身体感覚と密接に関わっているという観点から、カマラの成長過程において生じていたことについて探ってみたい。

視覚と聴覚と臭覚と味覚と触覚といった知覚におけるいわゆる五感は、たとえ人間の子どもとして生まれても、育てられる文化や環境に応じて異なってくる、ということはよく知られている。視覚に関しては、例えば似たような色に関する語彙が豊富な文化圏では、そうではない文化圏と比べ、色の違いがより敏感に感じ分けられる。聴覚に関しては、母語の違いにより、聞き分けたり発音できる音素が異なってくる。例えば日本語の文化で育てられれば、西欧圏で育てられた子どもには可能な、BとVの違いやLとRの違いが聞き分けられなくなる。臭覚に関しては、先に述べた肉の臭いに対するカマラの感覚の鋭さからも、育てられる文化の違いによる影響力の強さは明らかであろう。味覚に関しては、食文化の違いにより、同じ食べ物であっても、おいしく感じられたり、まずく感じられてしまう。触覚に関しては、いわゆる宮大工は、普通の人間にははるかに及ばないほど触感覚が非常に優れている。痛覚でさえ、例えば幼いころから寒中訓練をしてきた者は、そうではない者に比べ、寒さによる痛さの感覚が異なってくる。偏頭痛を病んでいる者は、そうではない者よりも、頭痛に対する耐性が高くなる。

このように、身体的な生起であり、人間であるかぎり、医学的・生理学的には同じような身体組織と構造に基づいているはずの知覚でさえ、育てられる文化や環境に応じて異なってくる。そうである以上、とくに乳児期の養育にとっては、育てられる文化や環境に応じた知覚能力を育てることがまず重要な課題となる。しかもそのための養育は、乳児を養育している親や保育所の保育士にとっては無意識に行なわれることがほとんどである。というよりも、いわゆる普通に子育てがなされていれば、こうした知覚は、まったく自然に子どもに育まれる。このことは、いわゆる身体的な障碍をもって生まれてきた乳児に対しては、知覚能力を高めるために通常は意識されることなくなされている養育に代わって、知覚能力を育てるための特別な働きかけが必要となることからも、間接的に窺える。すなわち、おとながことさら意識することがないにもかかわらず、乳児は、自分が属している文化や環境に適応するために必要な感覚を育んでいけることが、この時期の養育の特徴をなしている。例えば、母語で語りかけを続けさえすれば、乳児は、自然に母語に固有の音素を聞き分けたり、発声できるようになるのである。

それにもかかわらず、ここで改めて乳児の知覚について探らなければならないのは、通常そう思われているのとは異なり、乳児は外から与えられている刺激をたんに受動的に取りこんでいるのではないからである。彼らの知覚能力が開花されるのは、養育する者と乳児とのあいだで以下で探られるような相互作用が生じているからである。しかも、こうした相互作用が子どもの後の成長にとって重要な役割をはたしているからである。

・乳児の感受性

誕生後六カ月ころまでの乳児の各感覚は分化していない。例えば授乳時に発揮される生得的な反射による行動などを除けば、乳児は外界の微妙な変化に対して身体全体で反応する。抱かれ方が彼らにとって苦痛となったり、室温が適切でなかったり、強い光の刺激が与えられたり、大きな音がしたりすると、身体全体が不快な感覚に支配され、多くの場合、乳児は泣きだしてしまう。このことは、外界からもたらされる様々な刺激は、各感覚器官に作用するだけではなく、身体全体へと拡散的に作用し、特定の刺激に対応した身体部位でもって反応しているのではないことを意味している。全体的であるため、いまだ分化したものとしては感覚されていない外界の状況を自分の身体で感じる状態の違いによって、乳児は、全身を使って外界の状況に対応しているのである。例えば母親に適切な仕方で抱かれているかどうかによって異なってくる自分の身体の状態を、乳児は身体全体で感じている。こうして感じられる身体の状態が、泣いたり微笑んだりといった感情表現の違いとして、我々にとらえられることになる。こうしたことから、メルロ゠ポンティのいうように、自分にとっての「世界に組みこまれていることを知覚していることと、自分自身の身体〔の状態〕を知覚していることとは、一つのシステムとなっている」(Merleau-Ponty, 1953, p. 28, 一四三頁)、ということが明らかになる。乳児は、例えばおとなには感知できないすきま風を敏感に感知し、部屋を締めきっていないと、なかなか寝つかなかったり、泣きだしてしまう、という豊かな感受性を備えている。こうした豊かな感受性によって、おとなとは異なり、乳児は、外の世界を自分とは切り離されたものとして眺めているのではなく、乳児の身体の状態は外の世界の状況と一体となっているのである。

このように、この時期の乳児は、外界の状況を自分自身の心地良さや心地悪さと一体となって感知し、そうした仕方で感知されていることを感情表現として、身体を使って表出している。そうである以上、この時期に育まれる感覚によっては、外界や外界にある様々な物の特徴が乳児に知覚されているのではない。そのつどの状況が彼らの感情生活にとって直接影響を与えるという仕方で、彼らにとっての外の状況は彼らの内的状態と一体となっている。こうした仕方で彼らの感覚が育まれるため、乳児が育てられる文化や環境に特有の世界のなかで生きていくための知覚能力は、彼らの感情生活の豊かさを同時に育むことになる。こうしたことも、この時期の子どものあり方の特徴となっているのである。

カマラの場合にも、昼間の光に慣れ、夜の暗闇では以前ほどの視覚能力がなくなるにしたがい、夜を恐れるという感情が育まれるようになった。また、生肉や腐肉ではなく、加熱した肉を好むことへの変化と味覚の変化も一体となって生じている。入浴のさいに、冷水よりも温水を好むようになったことも、彼女の身体の水温に対する感覚がたんに変化したことだけではなく、同時に、温水による入浴のさいの心地良さも感じられるようになったことをも意味している。とくにこの点に関しては、先に述べたように、入浴のさいのシング夫人によるマッサージが功を奏したのであろう。そうであるならば、マッサージのさいのまさに肌と肌とを触れ合わせるという、身体を介した直接的な他者関係の変化も同時に生じていたことになる。すなわち、他者とのあいだでの触覚的相互作用の質的な変化が生じていたことになる。

同様のことは、人間の親に育てられている乳児の場合にもいえることである。抱いてもらったり、ほおずりしてもらったりするさいの親との、またとくに授乳のさいの母親との身体的接触は、乳児の触覚や抱かれ方の変化にともなう身体姿勢や身体の動きについての彼らの感覚を高めるだけではない。おとなとの身体的接触は、さらに以下で探るように、他者関係の感受性をも豊かにすることになるのである。

・他者と一体化されている身体

触覚においては、例えば触れている身体部分に生じる感覚と触れられている物の触覚的現われとが一体となっている。例えば、手のひらで机の表面に触れれば、手のひらには、机の表面の滑らかな肌触りと同一の感覚が同時に生じている。私の身体の一部が他者の身体の一部に触れている時には、両者の身体上に同時で同質の触覚感が生じる。例えば、乳児を抱いてやさしくなでながら、あるいは、背中を軽くトントンとたたきながら授乳している時には、抱いているおとなの身体と抱かれている乳児の身体とが接触している部分では、とくに母親の乳房とそれに触れている乳児の頬とのあいだでは、お互いの肌のぬくもりや柔らかさなどが同じ感覚質となっている。また、乳児の背中をやさしくなでている母親の手のひらと乳児の背中とのあいだでも、柔らかでゆったりとした母親の手の動きにともなう、両者の身体部分の心地良い滑らかさやぬくもりが同時に両者の身体に生じている。

これらのことからは、私の他者経験に「生気」を与え、他者が生身をおびて私に現われてくるのは、「まず思考のレベルよりも下においてである」ということが、つまり「皮膚感覚的」なレベルにおいてである（Merleau-Ponty, 1960, pp. 214－215, 二〇頁以下）、ということが明らかとなる。例えば、私と他者とが抱き合っている時には、メルロ－ポンティのいうように、「私の身体が他者の身体を併合する」（ibid., p. 212, 同書一七頁以下）ということが二人の人間のあいだで生じている。同様にして、乳児と母親が身体的に密接に接触している時にも、乳児の身体と母親の身体も併合されている。こうしたことからメルロ＝ポンティは、「あたかも他者と私は、〔お互いに〕一体化されたただ一つの身体へと組織化されている〔〖＝間身体性の一つの有機的器官である〗〕」とし（ibid., p. 213, 同書一八頁）、両者の身体は、相互に併合し合いながら一つの身体として機能している、ということを導きだしている。

すると、メルロ＝ポンティがいうところの、私と他者の身体は一体化された一つの身体へと組織化されているということは、二人の人間の身体は、物理的にはそれぞれ切り離されているように思われても、実は次のようなあり方をしている、ということを意味していることになる。すなわち、二人の身体が接触している時には、一方の身体で生じていることは、他方の身体でも生じていることと同じであるだけではない。さらには、一方の身体で生じていることは、他方の身体で生じていることの《おかげ》であり、しかも他方の身体へのこうした依存が、二人の身体のあいだで相互に生じているのである。

それどころか、こうした観点からすれば、抱かれている時の姿勢を自分の方から変えられるようになった子どもをおとなが抱く時にも、おとなと子どものあいだでは、次のような仕方で、両者の身体はお互いに他方の身体感覚を併合し合いながら一つの身体へと組織化されていることが明らかとなる。すなわち、自分の身体活動は相手の身体活動のおかげであることをそれとなく感じ合いながら、相手の活動をお互いにおぎない合う、ということが生じている、ということが明らかとなる。こうしたおぎない合いは、例えば抱いている子どもが眠ってしまうと、子どもが急に重たく感じられるということからも、明らかになる。子どもが、抱かれている時の姿勢を自分でコントロールしたり、自分からおとなに抱きつく時には、両者にとってお互いに楽に抱ける－心地良く抱かれる、といった直接的な身体的接触を介して、次のようなおぎない合いが生じているのである。

おとなが子どもを抱くさいに、子どもの動きに一方的にしたがうような仕方で、すなわち、子どもが抱きついてくる時の身体の動きや姿勢の変化に追従するような仕方で自分の抱き方を変えるだけでは、おとなは子どもを楽に抱くことができない。そうではなく、結果として、子どもが心地良く抱かれ続けるような姿勢へと、子どもの抱かれ方や姿勢の変化をいわば先取りするかのような仕方で抱くことが、おとなに求められる。他方、子どもの側では、自分の身体的な動きをおとなの抱き方に一方的にしたがわせることによっては、子どもは心地良く抱かれることができない。子どもの方でも、結果として、抱いているおとなが楽に抱けるような姿勢をいわば先取りするような仕方で、抱いているおとなの身体的な変化に心地良く対応できるようにと、自分の抱かれ方を変えていかなければならない。すなわち両者は、結果としてお互いが楽に抱ける－心地良く抱かれるという同じ一つの目的へと向かって、自分の身体の動きを他方の身体の動きに合わせながら、相手の動きをおぎなうことが必要である。しかも、おとなにとって抱き方が楽になったり、子どもにとって抱かれ方が心地良くなるのは、相手の身体の動きが自分の身体の動きに合わせてくれる、ということが両者のあいだで生じているからである。こうしたことが生じていれば、二人の身体があたかも一つの身体へと組織化されているかのように、抱く－抱かれるという調和した一つの出来事が展開していくことになる。すなわち、メルロ－ポンティのいうように、二人の身体は、一つの生きた有機的器官であるかのように、一体化されていることになるのである。

こうしたことは、いわゆる頭で考えながら自分の身体をそれぞれ変えていく、といったことによって生じるのではない。そうではなく、例えば動いている物を眼で追っている時には、眼を中心とした身体の動きがその物の動きに引きつけられるかのようなものとなるのと同様、抱きやすい姿勢をめざしているおとなの身体は、同時に、抱かれ心地の良い姿勢をめざしている子どもの身体の動きに引きつけられながら、変化しなければならない。同様にして、心地良く抱かれることをめざしている子どもの身体は、楽に抱くというおとなの身体の動きに引きつけられるようにと、変化していかなければならない。

同様のことは、抱く－抱かれるといった場合にかぎらず、おとなと子どもの身体が直接作用を及ぼし合っている場合には、常に生じている。例えば、母親が乳首を乳児の口に一方的に含ませる時期をへて、乳児の顔を母親の乳房に導くと、自分から乳首に吸いつくようになった時期の授乳においても、両者の身体は、お互いに一体化されて一つの身体へと組織化されている。あるいは、離乳食をスプーンでもって乳児の口の中に入れるような食事の介助においても、そして、幼児期になって、遊具などを使って一緒に遊んでいる時にも、相手の身体の動きは、自分がこれからしようとする活動をより適切なものにしてくれるようなものとなっていることが、おとなと子どもの両方の身体で生じているのである。

こうした仕方で子どもとおとなとのあいだで、両者の身体が相互におぎない合うような仕方で一つの身体へと組織化されており、しかも、一方の身体活動が他方の身体活動のおかげとなっているような仕方で、両者の関係が展開していることが、この時期の子どもとおとなとのあいだでは常に生じているのである。そうであるからこそ、例えば授乳にさいし、多くの母親は、「今日はオッパイをたくさん呑ませた」とは言わずに、「今日はオッパイをたくさん呑んでくれた」、と言うのであろう。

しばしば言われているように、とくに乳幼児期における親からのいわゆるスキンシップが乳幼児による親への信頼感などに対してだけではなく、彼らの身体的感覚の感受性をも高める、ということが生じるのである。しかも、両者の身体的な接触においては、以上で述べたような感覚の同時で同質的な一体的共有が生じているかぎり、とくに身体を介しておとなによって養育されることの多い乳児は、おとなとの、とくに母親とのあいだでお互いの身体が一つの身体へと組織化されている身体を共に生きることにより、母親が備えている感覚に対する「感受性」を育んでいくことになる(Merleau-Ponty, 1960, p. 213, 一八頁)。逆に、母親が乳児をやさしく抱くことがなければ、乳児が成長して、例えば第二子である弟や妹をやさしく抱くことができなくなるだけではない。さらには、自分で遊具を使って遊ぶ時の扱い方も乱暴なものにしかならないであろう。このように、皮膚感覚的なレベルでの共有を介して育まれる感受性が、それ以後、他の感覚の感受性をおとなと一緒に育むための基盤となる、ということになるのである。

そして、こうしたことが個々の親子関係という個別的な出来事の根底において普遍的に生じていることこそが、すなわち、そのつどの個別的な親子関係の根底に潜んでいるためにどのような親子関係においてもそもそも良好な親子関係が成りたつために必要不可欠なことが、この時期の養育の本質となっているのである。

以上で述べたような仕方で、乳児は、彼が生まれた文化や環境のなかで生きていくための基盤として、おとなと共通の感覚を育んでいくことになる。それゆえ、必ずしも乳児期にかぎられたことではないが、子どもの成長過程は、発達心理学やそれに基づく育児書がいうところの、より高次の発達段階への第一歩や、その前段階のプロセスをたどっているのではない。そうではなく、子どもと親とのあいだでは、両者によってそのつどお互いのあり方を豊かにおぎない合うという仕方で、豊かな人間関係が育まれているのである。

以上で探ったように、子どもの感覚や感受性は、主に両親との、乳児の場合には授乳の関係からとくに母親との身体を介した直接的な関係によって育まれるのである。しかも、こうした人間関係は、多くの場合家庭で生じている。そこで次章では、こうした関係が生じている家庭においては、子どもに対する家族などのおとなの働きかけは子どもにとってどのようにとらえられているかについて、探っていくことにしたい。

第4章
意図されていない教育としての家庭における教育

第1章でフレーベルに導かれることによって明らかとなったように、家庭における教育も子どもの成長にとって非常に重要な意味をもっている。しかしフレーベルは、家庭生活では認識と行為との直接的な循環関係が生じているという観点から、家庭での教育における根源性について考察しているものの、保育所や幼稚園における教育と家庭における教育との違いが十分に際立たされている、とはいい難いのであった。そこで本章では、意図されている教育と意図されていない教育という観点から、家庭における教育と保育所や幼稚園における教育との違いを、主として家庭における教育の子どもにとっての重要性に焦点を当てながら探ることにする。このことにより、家庭における教育の子どもにとっての根源性を際立たせ、偶然的なことに対する子どもの感受性の豊かさについて明らかにしたい。

なお、本章では家庭における教育と保育所や幼稚園における教育との違いを探ることになるため、とくにそうであるが、第5章以降でもこの違いがしばしば問題となる。そのさい、保育所と幼稚園における教育的働きかけや、そこで生じている子どもとおとなとの関係や、そこでの子どものあり方などは、ほぼ同じであるとみなせるため、保育所と幼稚園という場を示すさいには、両者を総称して《園》と呼ぶことにしたい。こうした呼び方をしても、法制上は保育所とされているが、日常的には保育園という呼び方もかなり普及しているため、とくに混乱はない、と考えられる。

・意図されている教育と意図されていない教育

子どもの年齢に応じて、彼らの様々な能力を育むためのおとなの働きかけを広い意味での教育と呼ぶならば、家庭におけるおとなからの子どもへの働きかけは、すべて教育と呼べることになる。こうした観点からすれば、保育所や幼稚園といった制度化された教育の場としての園での教育が始まる以前から、家庭においても乳幼児は教育されていることになる。このことは、明確な教育目標や教育方法や教育内容をともなうことなく、子どもに対する教育がなされていることを意味している。それゆえ多くの場合、家庭でなされる乳幼児に対する働きかけは、教育とは呼ばれず、子育てとか育児と呼ばれるのであろう。

他方、制度的な教育の場である園では、たしかに小学校以降と比べればさほど明示化されていないが、それでもやはり家庭とは異なり、子どもに対する働きかけは、教育的な意図をもっていることが明確に意識されているおとなによってなされることになる。

園と家庭とでは、子どもに対する働きかけの意味がおとなにとってかなり明確に意識されているかいないか、という違いがあるのは、子どもとおとながそれぞれの場でたとえ同じ活動をしても、活動の意味がそれぞれの場に応じて、両者にとって異なっているからである。

例えば、昼食を摂る場合でも、園では、子どもは、決められた時間に保育者を含めた他の多くの子どもたちと一緒に食べるだけではなく、決められた仕方で他の子どもたちと準備やお片づけをしなければならない。また、保育者や他の子どもたちと一緒に食事を始め、みんなと一緒に食事を終えなければならない。しかも、こうしたことをすることによって、子どもは保育者や他の子どもたちと協力し合わなければ、食事を楽しく食べることができないことを感じられるようになることが、保育者によってめざされている。このことは、例えば、「みんなの準備が終わらないと食べちゃいけないんだよ」とか、「〇〇ちゃんが〔準備が〕終わらないと、みんなも食べられないんだよ」とか、「みんなもう食べちゃったよ」といった語りかけが保育者からしばしばなされることからも、容易に明らかとなる。すなわち、みんなと歩調を合わせなければ、園は子どもにとって楽しい場ではなくなってしまうのである。(1)

他方、家庭で食事をすることは、家族が日常生活を大きな支障なく送るための一連の営みのなかの一つとなっている。もちろん多くの場合には、家族と一緒に楽しく食事をすることが家族全員によってめざされているであろう。しかし、園では、子どもの個々の活動の意味は、先に述べたように、教育目標として明確になっている。そのため、食事の準備などの活動も教育目標に即したものとなることが、おとなによって明確に意図されている。他方、家庭における食事では、それが家族の日常生活上の一つの現実的な営みであるため、家族と一緒に食事をすることの教育的な意味の実現が直接めざされているのではない。たとえその時に食事のさいのしつけがなされていても、しつけをするために食事がなされているのではない。他方、園では、楽しく食事をすると同時に、健全な食習慣を子どもたちに身に着けさせるための働きかけが明確に意図されており、こうした意図のもとに、毎日みんなと一緒に食事をする、ということが行なわれているのである。

家庭における食事が、教育目標の実現のためにという明確な意図をともなってなされていないことは、たしかに各家庭によって多少は異なっているであろうが、食事をすること以外の活動がかなりの程度まで許されている、ということが暗黙の了解となっていることからも窺われる。例えば、テレビを見ながら食事をしたり、親の都合で子どもだけが先に食事を済ませたり、親が食事の途中で席を外したり、他のことをしながら食事をする、ということがかなりの程度まで普通のこととなっている。すなわち、食事をすること自体には、明確な教育目標や教育方法や教育内容がともなっていない方が、はるかに多い(2)。

おとなが明確な教育的意図をもっているかどうかという違いは、食事の場合だけにかぎられない。園では、何らかの教育目標をもって子どもに働きかけなければならないということは、保育者にたえず意識されている。このことは、例えば、筆者のような外部の人間が園で、保育者に、「なぜあのような働きかけをしたり、声かけをしたのですか?」と問うと、その理由や意図を必ず述べてくれることからも、明らかになる。あるいは、多くの園では、教育実習生に対して、「子どもへの保育者の働きかけには必ず何らかの意味があるので、その意味に気づけるように」、といった指導がなされることからも、以上のことが明らかになる。

他方、家庭では、家族に保育者と同様のことを問うても、同様の答えがおとなから返ってくることは、むしろまれであろう。例えば、「そんなことしましたか?」とか、「別に意味があるわけではなく、いつもそうしているから」とか、さらには、「今イライラしていたから」とか、「つい夢中になって」といったような返事をしてくれることの方がはるかに多いであろう。

教育目標の達成を意図しているかどうかによって以上で述べたような違いがあるのは、たとえ同じ活動であるように思われても、それぞれの場における人間にとっての活動の意味が異なっているからである。そもそも園は、それぞれ厚生労働省の保育所保育指針や文部科学省の幼稚園教育要領に基づいた制度的な教育の場とみなされていることからしても、また、そこで子どもと接するおとなには、それぞれ保育士や幼稚園教諭といった資格が必要なことからしても、園は、広い意味での教育の場以外の何ものでもない[3]。

他方、家庭は、そこで家族の日常生活が現実に営まれる場なのであった。そのため、子どもに対するおとなの関わり方も、日常生活の一連の営みのなかに組みこまれている。子どもを含めた家族の活動は、家族が日常生活を営んでいくためのものであり、子どもがいるということ自体が、家族の日常生活をその家庭に特有のものにしている。そうである以上、親が子どもに働きかけることではなく、親と子どもが一緒になって生活していること自体が、家庭における日常生活を築いていることになり、親が子どもを意図して教育することが、家庭での日常生活を成りたたせているのではない。

それにもかかわらず、第3章で探ったように、家庭では、子どもや家族が属する文化や環境や習慣に適切に対応できるような運動能力や知覚能力や振る舞い方や母語の使用能力などが、自然に子どもに育まれるのであった。それゆえ、たとえ教育目標に即した親の明確な意図がなくても、家庭においても教育という営みは生じているのであった。しかし、園と比べることにより明らかとなったのは、親子のあいだで展開される出来事は、その多くが、教育目標に即した意図をもって親から子どもに対してなされているのではない、ということである。そして、このことが、以下で探るように、親子のあいだでなされる活動を、園における子どもとおとなとのあいだで生じる活動とは異なった、家庭における教育に独特のものとしているのである。

・意図されていない教育

家庭における教育が、原則として、おとなにとって教育という意図をともなうことなく行なわれるのは、子どもの成長が、親とのほぼ次のような関係のなかで展開していくからである。

母親の体内から分娩後に、すなわち子どもの誕生と同時に始まる、授乳や入浴やオムツの交換や、泣き叫んでいる乳児をあやすことや、睡眠をとらせることなどは、教育をしているというおとなの意識なしに、ごく普通の育児としてなされることになる。しかし第3章で、狼に育てられた子どもの事例を手がかりとしながら探ったように、乳児は、彼らが生まれた文化や環境に適応するための感覚や運動能力や知覚能力を育んでいくことになる。こうした感覚や能力が乳児に育まれるさいには、当然のことながら、教育されているという意識は乳児に生じていないし、親にも教育しているという意識は生じていない。それにもかかわらず、乳児がこうした能力を育んでいけるのは、第3章でメルロ－ポンティと共にすでに探ったように（本書六四頁以下）、親子のあいだでは、両者の身体が一つの身体へと組織化されていることにより、お互いの活動をおぎない合うことが生じているからであった。このことを本章の課題に即していいかえると、次のようになる。

乳児期の子どもとおとなとのあいだでは、例えば授乳したり、離乳食を食べさせている時には、多くの場合、子どもの食生活の安定のためにということをおとなが意識しながらの、意図的な教育がなされているのではない。そうではなく、親子のあいだでのお互いにおぎない合う活動によって、家庭内における子育てという現実的な営みが展開されている。例えば授乳においてさえ、母親が乳児に一方的に栄養を定期的に補給し、乳児は生得的な反射によって母乳を摂取している、ということが生じているのではない。授乳は、乳児が母乳を呑みやすい仕方で抱かれていたり、空腹でなければ、実現されない。それどころか、乳児は、母乳を呑むことによって、母親の乳房の張りを除いてもいる。このことは、第3章ですでに述べたように（本書六八頁）、授乳が終わった時、多くの母親は、「今日はオッパイを〔乳児に〕たくさん呑ませた」とは言わずに、「今日は〔乳児が〕オッパイをたくさん呑んでくれた」、ということからも間接的に明らかとなるのであった。

しかも授乳を典型例とすると、育児という教育においては、我々が通常教育と呼んでいるものと比べ、次のような大きな違いのあることが導かれる。

誕生後しばらくのあいだ、おとなからの働きかけは、子どもの生活のリズムに合わせたものにならざるをえない。例えば、授乳やオムツの交換や、泣き叫びをあやすことや、睡眠させたりすることは、すべて子どもの生理的な状態におとなが適切に対応することを意味している。それゆえこの時期の子育ては、教育というよりも、子どもの世話をするといった、親からの献身的な対応が求められているように思われてしまう。というのも、おとなには、空腹などの子どもの不快な状態を取り除いたり、微笑みが現われる三、四カ月ころからは、笑顔や笑声などによって表わされる快適な状態を整えたりといった、子どもの現実的な状態に対応することが必要となるからである。こうした仕方での子育てが家庭における家族の生活の、とくに授乳の必要性から、母親の生活のリズムを支配することになる。すなわち、この時期の教育は、家族の日常生活を規定し、こうした現実の家庭生活のなかで、子育てがなされることになる。

そのため、子どもも家族も、子どもの生理的なリズムによって支配される家庭におけるこうした規定性から逃れることはできない。しかもこうした規定性は、授乳期にかぎられたことではなく、保育所や幼稚園に子どもが通うまで続くことになる。子どもが生まれることは、家庭における家族の現実的な生活に大きな影響を与えざるをえないのであり、よくいわれるように、家族の生活は子どもを中心に進められなければならなくなるのである。

たしかに、例えば子どもが病気になれば、園で働く保育者といった家族以外のおとなと子どもは、両者の通常の規定性から一時的に解放される。しかし親は、たとえ子どもが病気になったとしても、こうした規定性から逃れることができず、子どもが病気のあいだも、家庭における日常生活を保持しながら、子育てを続けなければならないのである。

それどころか、子どもが言葉を獲得したり、様々な身体能力を獲得するにつれて、親と共に活動している時にも、明確な教育目標へと向かって働きかけるという意図をともなうことのない親子間の関係が続いていく。しかも、子どもと一緒に食事をすることや、買い物に行くことや、お風呂に入ることなど、子どもと一緒にするほとんどすべての活動は、先に述べたように、親からの一方的な働きかけとなっているのではなく、必ず子どもの方からおぎなってもらわなければならないのである。

例えば買い物の途中で親子が手をつないで楽しく会話をしている時、手をつないで歩くためや、会話を続けるためには、お互いに他方の活動をおぎない合わなければならない。スーパーマーケットのレジでレジ係に品物を自分で差しだしたがる子どもに対しては、レジ係が笑顔を返してくれたり、話しかけてくれることがある。そのため、子どもと一緒に買い物をすることの方が親にとっても楽しい出来事となる。あるいは逆に、自分の買ってほしいオカシを、駄々をこねた結果、買ってもらうことになった場合には、自分の手からレジ係にそれを一時的に手渡すことを嫌がる子どももいる。この時に親が、子どもの手からそれを取りあげて、レジ係に差しだすといったことは、日常的にもしばしばみられることである。こうした時には、たしかに親子のあいだでは、お互いのおぎない合いが豊かに展開している、とはいえないであろう。しかし、買い物にまつわる以上の出来事を含め、そのさいに生じる、日常的でまったく些細な親子のすべての関係を介して、しかも時としてレジ係のような第三者を巻きこみながら、子どもは買い物の楽しさだけではなく、スーパーマーケットにたどり着くまでに必要なすべての行為や、そこにおける客としての振る舞い方などを、自然に学んでいく。それにもかかわらず、こうした時には、意図された教育が生じている、ということを子どもも親も感じることがないことの方がはるかに多いはずである。

同様のことは、道具や遊具を親子で一緒に使っている時にもいえるはずである。例えば、オカシの入っている箱や袋を親が開けようとすると、一歳に満たない子どもでも、親の手先を凝視していて、箱や袋が開けられると、そのなかから中身を取りだそうとする時にも、一方の身体の動きと他方の身体の動きはお互いに他方の身体と一体となって機能するという、おぎない合いが生じている。そうでなければ、二人の共同作業はスムーズに展開しなくなる。こうした共同作業を家庭で日常的に体験することによって、子どもは、しだいに自分一人でかなりのことができるようになっていく。しかし、こうした時にも、二人が一緒に何かをしていることを意識しているだけであるならば、すなわち、それがお互いに他者と一体化された一つの身体へと組織化されている共同作業であるならば、意図的な教育が生じている、という意識はどちらにとっても生じていないはずである。

たしかに、例えば、自分一人でクツをはけるようになったり、洋服を着脱できるようになることをめざしたおとなの働きかけの場合には、「○○の仕方を教えている」ということが親にも意識されているであろう。また、子どもの方から、遊具や道具を持ってきて、「これどうやるの?」とおとなに尋ねる時には、子どもも、○○の仕方を教えてほしいということを多少は意識しているかもしれない。同様のことが、次のような親子の関わりにおいても生じるであろう。

例えば、一緒に絵本などを眺めながら、子どもに対して「ブーブー」とか「ワンワン」といった言葉を親が語りかけることにより、子どもは多くの物の名前を憶えていく。それどころか、二歳ころになると、「アレ、ナニ?」といった問を発するようになり、それに親が何気なく答えることによって、子どもは多くの物の名前を急速に覚えていく。ハシの使い方や食事のさいのマナーなど、いわゆるしつけがなされる場合にも、子どもは求められる振る舞いを身に着けていく。しかし、家庭における日常的な営みのなかで、親がしつけをしているという意識なしに、「こうするんだよ」といった親の言葉かけと共に、結果としてしつけがなされるということの方が、それこそ、いたるところやいたる時に生じているはずである。

あるいは、例えば、偏食をなくすとか、公共の場での振る舞い方といった、しつけが明確になされている場合には、意図的に教えているという意識が親にかなり明確になっている、と考えられる。

しかし、こうした時には、園においてと同じようなことが生じていると思われても、やはりそれが家庭で生じているか園で生じているかによって、そこで生じていることは、子どもやおとなにとって異なった意味をもっている。というのも、例えば偏食をなくすためのおとなの働きかけは、家ない、と考えられるからである。

たしかに、家庭においても、偏食をなくすという目標へと向かって、しつけがなされるであろう。しかし、園では、偏食をなくすためのおとなの働きかけは、食事の準備やそれ以後の時間割などの流れのなかで明確にかぎられたある日の昼食の時間内でなされている。そのため、おとなの働きかけはすべて、こうした流れとかぎられた時間を明確に考慮しながら、なされることになる。例えば、牛乳が嫌いな子どもに対するしつけは、これまで牛乳が給食でだされた時の子どもの活動や、給食以前の午前中の活動などを考慮しながら、「昨日は少しは飲めたんだから、今日はもう少し頑張ろうね」とか、「昨日は頑張って全部飲んだのだから、今日は残してもいいよ」とか、「午前中は○○をがんばったから、残してもいいよ」といった言葉をともなってなされることが多い。たしかに、例えば、「牛乳飲まないと、牛乳さんが悲しむよ」とか、「少しでも飲めたら、かっこいいよ」といった言葉かけをすることによって、教育目標をともなったおとなの意図は、子どもに対して明示化されることがない場合もあろう。しかし、こうした考慮をともなった働きかけ自体が、偏食をなくすという教育目標を意識しながらの、そのつどの働きかけを意図のともなったものにしているのである。

他方、家庭においては、偏食をなくすという目標が意識されながら、たとえ園と同じような働きかけがなされていたとしても、「○○することを教えている」という意識がたとえ親にいだかれていたとしても、偏食をなくすためにという教育目標をめざした意図的な教育をしている、という意識にはいたってない、と考えられるからである。

かけがなされても、その時の働きかけは、その結果のいかんにかかわらず、その場やその時で完結していることが多い。そのため、家庭におけるしつけは、多くの場合、将来の目標が意識されていても、個々の働きかけ自体は、教育的な意図をもってなされることは少なくなってしまう。というのも、家庭におけるしつけも、やはり、現実的な日常生活のなかの一つの出来事でしかないからである。すなわち、たとえ将来的な目標が意識されていても、家庭生活をそのつど現実に維持し続けるために、子どもを含めた家族全員には、その場でその時々に自分に課せられていることや、自分の想いを実現することが求められているからである。他方、園では、おとなに課せられているのは、教育目標の実現である。このことは、先に述べたような、牛乳を飲ませようとする働きかけが、たとえある日にはうまくいかなくても、保育者には、次の機会が残されているため、無力感や不充足感がさほど残らないのに対して、親の場合には、こうした感情が蓄積されてしまうことが多い、ということからも間接的に窺えるのである。

以上のことから導かれるのは、幼稚園や保育所では、子どもに対する個々の働きかけはすべて、教育目標に即した意図をもってなされるということが、そこで展開している出来事を園に特有のものにしている、ということである。

以上で探ったことから、家庭における広い意味での教育は、意図的な教育ではないことの方がはるかに多い、ということが明らかとなった。家庭における教育がこうした教育であることによって、むしろ乳幼児は、彼らに特有の豊かな感受性をもって、短期間のうちに多くのことを急速に学んでいく。というのは、意図的な教育ではないからこそ、家庭では現実的で具体的な日常生活のなかで、子どもを含めた家族の全員が、家族のあいだで非常に多くのことを経験し合っているからである。第1章でフレーベルと共に探ったように（本書一四頁以下）、家庭では認識することと行為することとのあいだで良い意味での循環関係が生じているからこそ、そこで何かを経験することは、子どもの能力として容易に身に着けられるのである。

とくに乳幼児期の子どもは、おとなと比べはるかに豊かな感受性をもって、こうした経験から多くのことを学び、成長していくことができる。その結果、例えば、幼稚園に通園するようになる三歳ころまでには、母語をほぼ使いこなせるようになることから典型的に明らかとなるように、子どもは、彼が属する文化や環境や習慣などに適応する能力を十分に身に着けるまでに、成長することができる。

すると、家庭で実際に経験しながら身に着けていることは、あるいは、そうした経験を支えているところの、家族と共に営んでいる現実の日常生活は、園に通園することになりそこでさらに自分を成長させるための基盤を形成している、ということができるはずである。すると、このことから、教育目標を明確に意図することのない家庭における教育は、子どもにとって彼らの成長の根源的な源泉ともなっている、ということが導かれるのではないだろうか。

そこで以下では、教育するという意図だけではなく、直接子どもに伝えたり、働きかけるという意図がないにもかかわらず、おとなの活動から乳幼児が様々なことを豊かに感受し、その結果、自分の能力を豊かに開花していることを探ることにしたい。

・乳幼児の感受性の豊かさ

乳幼児とおとなとのあいだにかぎらず、そもそも我々おとな同士のあいだでも、他者から意図的に何かを伝えられた時、他者自身は私に伝える意図のない何らかのことが私に自然に伝わってくることがある。そうした時、私には、他者が私に伝えたいと明確に思っていることよりも、他者の伝える意図なしに私に伝わってきたことの方が、より一層私に気になることがある。こうしたことから、フッサール（一八五〇－一九三八）も、私が自分の意志や想いを他者に伝えたり、逆に私に他者の意志や想いが伝えられるさいに、当人には意図されていないことも伝わっている場合として、言葉を介することのない伝達をまず取りあげている。というのは、人間間では、意識して言葉でもって他者に何かを伝達することがなくても、伝達という出来事が生じているからである。

そもそも、ある人間が他者に何かを伝達するという意図のないまま、何らかの身体的な活動をしている時には、それを見ている者にも、他者の身体的な活動から多くのことが伝わってくる。というのも、この時には、私が見ている他者は、彼の身体活動を介してその人自身の何らかの内面的な意図や願望を表現しているからである。同様のことが、私の身体を見ている他者の場合にもいえる。そのため、フッサールのいうように、「他者の活動は、……〔彼の〕意図することや実現しようとすることに対応した内面を告げ知らせている」が、こうした告げ知らせは、「その他者がとくに告げ知らせようという、つまり伝達しようという意図をともなっていないにもかかわらず、私に作用を及ぼすような告げ知らせ〔〘＝告知〙〕」（Husserl, 1952, S. 473）となっているのである。

たしかに、こうした仕方での伝達が人間間で通常行なわれていることは、経験的にも明らかである。しかし、我々おとなのようには言葉を理解したり、使いこなすことができないとくに三歳以前の子どもとの伝達においては、おとなが言葉を使って意図して伝達しようとすることよりも、フッサールがいうところの伝達しようという意図をともなわない伝達の方が、子どもとおとなとのあいだで生じてしまうことの方が、ごく自然である。子どもが、伝達する意図のないおとなの心の内を敏感に感じ取っていることは、幼児と親密に関わったことのある者ならば、日常的に実感しているはずである。事実、筆者が勤めている、保育者養成短期大学の学生に幼児の感受性について書いてもらった講義レポートは、こうした事例に満ち溢れている。彼女らは、例えば、体調の悪さを幼児の前ではたとえどれほど隠そうとしても、「今日の○○ちゃん〔＝学生〕は、怒っているから、一緒に遊ばない」と言われたり、教育実習期間中に、疲れがたまっていることを子どもに気づかれないようにどれほど明るく振る舞っていても、「先生、なんかあったの？　いつもの先生と違うから」と言われる、といった体験談を数多く報告してくれている。あるいは、教育実習の最後のころに、担任教師の代わりに保育を任される時の緊張や不安も、子どもたちに感知されてしまっている。たとえどれほど子どもたちに気づかれまいとしても、「先生、心配ないよ、僕たちがその分頑張るから」と、子どもたちから励まされることも、多くの実習生が体験することである。(4)

あるいは、親子のあいだでも、親が一人で何かを探していると、そのことを子どもに伝えていないにもかかわらず、「これ使って」と言いながら、その物を持ってきてくれた、といったことも親からしばしば聞かされる。それどころか、乳児でさえ、「食事のさいや、寝床から起こされ着替えをさせられるさいや、散歩に行くさいには」、まだそれらのことがなされていないのに、親が乳児のそばに近づくだけで、「こうした出来事へのちょっとした期待が、それだけですでに子どもを嬉しさではしゃがせる」（Wallon, p. 205, 一七九頁）ようになることが、フランスの発達心理学者であるワロン（一八七九－一九六二）によって報告されている。

たしかに、乳幼児におけるこうした能力は、よく言われるように、彼らの学び方の柔軟性と、フレーベルも語っていたところの吸収力の豊かさによることは、否定できないであろう。しかし、第1章でフレーベルと共に探ったように（本書一四頁以下）、家庭においては認識と行為との循環関係が典型的に生じることからすると、とくに家庭においては、子どもの柔軟性と吸収力の豊かさが発揮されやすくなる。

例えば、生後八カ月ころになり、ハイハイができるようになると、自分から移動して興味を引くものに近づき、子どもなりの仕方でそれと関わる、といった探索行動がでてくる。こうした探索行動によって、子どもは、家庭内のどこにどのようなものがあるかがわかるようになったり、それらに触れたり握ったりといった身体的な関わり方を身に着けるようになる。このことは、身体能力のレベルでしかないとしても、それらとの関わり方を認識できるようになることを意味する。さらには、おとなからの食事の介助やおとなと一緒に遊具で遊ぶことなどを介して、他者との関わり方を身に着けていく。こうした仕方で身に着く彼らの認識能力は、一歳ころに一人歩きが可能になり、初語を発するようになると、加速的に高まり、それ以後の運動能力の飛躍的な高まりにともない、三歳ころまでには、家庭内や公園などで、あるいは保育所で、ほぼ自由に活動することを可能にしてくれるようになる。

こうした仕方で身に着いていく子どもの運動能力は、同時に、台所や居間や寝室といった家庭などのどの場所で、どのような人と、どのような物を使って、どのような仕方で活動できるのかを認識していることの現われでもある。また逆に、このような仕方で認識することが、同時に、家庭内などで実際に具体的な身体能力をさらに発展的に高めることになる。すると、家庭内などで日常的になされる子どものすべての活動は、活動の仕方を認識することであると同時に、彼らが何かを認識することはすべて、自分の身体を使って何かをすることにもなっている。それゆえ、我々からみるとどれほど些細なことと思われようとも、子どもがそれまでとは異なる何らかの活動を起こせば、それはすべて何らかの新たなことを認識したことになると同時に、この新たな認識によって新たな活動を起こしたことになっているのである。例えば、新しい絵本を眺めれば、何らかの新たな認識が子どもの身に着く。それまでとはほんのわずかにでも違った仕方で遊具と関われば、やはり新たなことを認識したことになる。さらには、たとえ同じ遊具や道具であっても、それの使い方がほんのわずかな仕方であっても、それまでとは異なる身体の動きがともなわれている時には、まったく同様のことがいえる。例えば、それまでは両手で持っていた食器を片手で持ちあげることでさえ、子どもにとっては新たな認識を自分の身体活動を通して獲得したことになる。それどころか、たとえ同じ物を同じ仕方で使っていても、使い方がほんのわずかにでもスムーズになれば、やはり新たな認識が身に着き、それまでの活動がさらにより洗練されたことになる。

この時期の子どもの柔軟性や吸収力の豊かさを可能にしているのは、彼らがこうした仕方で、それこそ毎日のように、それどころか何かをするだけでも、新たな認識能力と身体能力を身に着けていくからである。

以上のことからすると、家庭内などで日常的に生じている子どもの活動のそのほとんどが、彼らの認識能力を高め豊かにしている、といえることになる。すなわち彼らは何らかの行動を起こすだけで、新たなことを学んでいることになり、こうした仕方での学び方が、認識と行為との直接的な循環関係となっている。そのため、家庭内などでの日常生活自体が、子どもの学び方の根源性をなしているのである。また、それゆえにこそ、家庭において教育的な意図なしに行なわれるおとなの活動のほとんどすべてが、子どもにとっては新たなことを学び続けることを可能にしているのである。

子どものこうした学び方が豊かであり、しかもかなり容易に、それどころか彼らの個々の活動ごとに新たなことが学ばれるのは、ここまで探ってきたように、この時期の子どもの感受性の豊かさによるのである。

おとなによる子どもに対する教育的な意図をともなった働きかけの場合だけではなく、とくに家庭における子育てにおいて典型的に明らかとなるように、教育するというおとなの意図をともなっていない場合にも、伝達する意図のないおとなの内面は、乳幼児によって容易にとらえられてしまう。しかも、そのさいに発揮される子どもの感受性とその豊かさは、おとなのそれらと比べることによって、さらに明らかになる。

例えば、おとなが他者との現実的な日常生活のなかで新たな能力を獲得する時の典型例としては、噺家の家に内弟子として入門し、師匠やその家族と一緒に生活するなかで、子どもが家庭での日常生活において、教えるという意図のないまま営まれる家族との関わりから新たな能力を獲得するのと同じような仕方で、師匠からいわゆる《芸を盗む》場合をあげることができる。しかし、おとながこうした仕方で、教えるという意図のない他者関係のなかで新たな能力を身に着けるためには、この例から容易にわかるように、確固とした決断と、以後の厳しい修行と、かなりの期間をかけた努力と訓練が必要となる。しかし、子どもの場合には、そうした決断や修行やかなりの期間を必要としないばかりか、多くの場合は楽しみながら、その子どもが属する文化や環境や習慣に適応するための運動能力や知覚能力を獲得していけるのである。

このように、おとなの場合と対比することにより、他者に伝達する意図をともなうことなくなされる他者との人間関係を介して新たな能力を獲得することに関しては、乳幼児はおとなよりもはるかに鋭い感覚と豊かな感受性を備えている。そしてこのことが、誕生後ほぼ三年間という短い期間に、子どもが属する文化などに適切に対応するだけの能力を学ぶことを可能にしているのであろう。また、第3章で簡単に紹介したカマラとアマラが狼の世界に適応できたのも、同様の理由からであろう。

しかし、人間の子どもの成長を可能にしてくれるのが彼らの感受性の鋭さと豊かさであるとしても、それを現実に発揮させてくれているのは、狼に育てられた子どもの場合もそうであったように、現実的な日常生活のなかで、他の人間と、狼に育てられた子どもの場合は、他の狼と親密に関わっていたからであることも、考慮しなければならない。というのは、家庭における現実的な日常生活は、家族によって日々営まれる個々の具体的な活動によって成りたっているからである。

• 偶然的なものに対する豊かな感受性

しかも、具体的な日常生活において言葉を使った会話がなされている場合でさえ、フッサール現象学を現実的な人間の営みに即して展開しているヴァルデンフェルス（一九三四－　）によれば、「会話がスムーズに流れている時にはとくにそうであるが、明確に表現されることのない同意や期待はしごく当たりまえのことである」（Waldenfels, S. 146）、とされる。というのは、日常生活においては、具体的で現実的な状況のなかで会話が展開していくため、一緒にその状況を生きている人間のあいだでは、相手に同意するかどうかや、相手に何を期待しているかなどを含め、自分の想いなどを完全な文章でもって表現しなくても、それらが相手に十分に伝わるからである。そのため、自分の想いがすでに相手に伝わっているにもかかわらず、その想いを完全な文章で最後まで言い終えようとすると、むしろ会話が生き生きとしたものではなくなってしまうことさえある。日常的な会話において完全な文章で自分の想いを詳しく話すことは、時として相手にいわゆる《まどろっこしさ》を感じさせてしまうことになるのも、こうしたことからであろう。

同様にして、日常的な会話では、「○○さん」といった固有名詞を含めた多くの名詞が、《私》や《彼》といった人称代名詞や、《それ》や《あれ》や《ここ》といった指示代名詞でおきかえられることがかなりある。なぜならば、現実的で具体的な状況では、それらが何を指しているかが容易に相手に伝わるからである。このことを逆の観点からいえば、フッサールのいうように、代名詞を含む表現は、「客観的な意味を失っている」(Husserl, 1901, S. 82, 九二頁)ため、会話をかわしている人間は、言葉の意味ではなく、自分たちがおかれている状況を頼りにしなければ、表現を正しく理解できない、といいかえられる。例えば、「そこにあるあれを〔取って〕」という表現は、文字通りには、すなわち状況から切り離してこの言葉だけを取りだせば、話し手の願いの内容については何も語っていない。そのため、聞き手は、自分たちがおかれている状況を現に生きなければならない。それどころか、代名詞が概念的な意味にしたがって理解されると、会話が成りたたなくなってしまう場合もある。例えば、「私」という言葉は、概念的な意味としては、「自分自身を指し示している話し手」(ebd., 同所)のことを意味している。そのため、《私はコーヒーが飲みたい》という表現は、概念的に理解されると、《自分自身を指し示している話し手はコーヒーが飲みたい》という、奇妙なことを意味することになってしまう。しかし、現実の会話では、「私」という表現は、「君の〔話し〕相手は自分のことを言っている」(a.a.O., S. 83, 同書九三頁)ということを、聞き手に喚起する言葉として、つまり、《話し手は他の誰かのことではなく、話し手自身のことを言っているんだよ》ということに注意を喚起する言葉として、機能しているのである。

《ここ》や《そこ》といった指示代名詞の場合にも同じことがいえるのであり、それが指し示している場所は客観的に限定できないだけではなく、その場所は具体的な状況や会話をしている人間の主観的な想いなどによって、たえず変化している。それゆえフッサールは、代名詞を含め、そのつどの状況や語り手の状態などを考慮しなければその意味がとらえられない表現を「本質的に偶然的〔＝その場やその時しだい〕」と呼び、それらを考慮しなくても誰にとっても、どこでもどの時でも一義的に理解できる、例えば《三角形の内角の和は一八〇度である》といった表現を「客観的な表現」と呼び、本質的に偶然的な表現は、「曖昧である」(a.a.O., S. 80f., 同書九一頁)、という。

フッサール自身は、会話における表現についてではなく、言語表現一般について思索するなかで、以上のことを導きだしているが、こうした記述から日常会話について次のことが明らかになる。

日常生活で言葉を使った会話がかわされている時には、先に述べたように、完全な文章によって会話がスムーズに展開するのではないし、具体的で現実的な状況におかれているため、代名詞の使用が多くなる。またそれゆえにこそ、話し手の想いを理解するためには、話し手がおかれている状況に自分も組みこまれなければならないのであった。しかし、こうした会話がかわされている時には、文章が完全ではないことに加えて、フッサールの記述にしたがえば、代名詞の意味が曖昧なため、会話の聞き手は、話し手が問題としている事態や状況や事柄や物事などが、何であったり、どのようなことかを、本来は曖昧な表現から読み取らなければならない。しかも、同じ表現が使われても、状況や話し手の想いなどによって、ある表現によって指し示されていることも微妙に違っているはずである。それにもかかわらず、我々がこうした表現を容易に、というよりも、多くの場合、思考や推測を介することなく即座に理解できるのは、現実的で具体的な状況を生きているからである。また、そうであるからこそ、我々は、相手の想いなどをそのつどの状況に対応した個別的な想いなどとして、かなり正確に理解することができる。

例えば私は、「私はコーヒー」という他者の言葉を聞けば、ほかの誰でもない話し手自身は、今ここで他の飲み物ではなく、コーヒーを飲みたがっている、ということを一瞬のうちにとらえてしまう。より正確には、この時の私は、次にしなければならないことを、例えばその他の人の飲み物の希望を聞くといった次の行動を即座にすることになるため、話し手の言葉は、私によって理解されるのではなく、私が次に適切に行動するためのきっかけを与えてくれている、といえるであろう。すると、この表現は、《私》という、フッサールがいうところの曖昧な人称代名詞を含んでいるだけではなく、さらには、特定の人と場所と時間などが現実に規定されている状況や話し手の状態など、フッサールのいう意味での偶然的な意味をも備えていることになる。このことを比喩的に述べれば、本質的に偶然的な言葉は、その時々の状況と話し手や聞き手の状態とが浸みこまされている、といえるであろう。

経験的には、幼児は二歳ころから代名詞を使い始めるが、それまでにも幼児は、家庭での日常生活のなかで、家族と同じ具体的な状況におかれている。そのため、たとえ言葉の概念的な意味を正確に理解できなくても、家族が発するどのような言葉でも、指示代名詞の使われ方と同様の仕方で、その言葉をとらえていたはずである。すると、その時の幼児は、家庭でかわされる家族の会話を、その会話に含まれている言葉の概念的な意味だけではなく、会話の言葉にその時その場で備わっている偶然的な意味や、その言葉が指示している状況や家族の想いなども同時にとらえていたはずである。あるいは少なくとも、そうした言葉の偶然的な意味をとらえられるようになることによって、家庭で日常生活を適切な仕方で送れるようになっていったはずである。というのも、もしもそうでなければ、幼児は、家庭で言葉を介した日常生活を送るための多くの活動を学ぶことができなかったはずだからである。すると、家庭における現実的で具体的な日常生活を送ることによって子どもが成長していくということ自体が、偶然的で曖昧な言葉を使いこなしていたことの証でもあることになる。と同時に、幼児が、偶然的な表現に備わる曖昧性にもかかわらず、いやむしろ、曖昧性を備えているからこそ、そのつど微妙に異なる言葉の使われ方をとらえていたということが、それゆえ、言葉を学んでいるさいの幼児の感受性の豊かささえもが、明らかになるのである。

とくに家庭という、そこでは現実的で具体的な日常生活が営まれている場を生きている家族にとっては、人間関係が良好であるかぎり、何かを家族と共にする時、多くの説明や相談や事前の準備の必要もなくなる。そのため、そのぶん状況への依存度もかなり高くなる。その結果、家庭内での人間関係はより一層親密になるのである。

しかも、人間関係が親密になれば、言葉によって明確に表現されていることよりも、フッサールがいうところの、伝達の意図をともなわない内面の微妙な状態や変化に対してより一層敏感になるはずである。すなわち、話し方のトーンやアクセントのおき方や間の取り方や表情や身振りの微妙な変化が、相手に対してより大きな影響力を備えるようになる。すると、家庭で日常的に家族と関わっている乳幼児も、そこで日常生活をより快適に過ごすためには、伝達する意図のない告げ知らせに敏感にならざるをえなくなる。より正確には、こうした告げ知らせに敏感になり、感受性豊かになることが、家族と親密な人間関係を営むことを乳幼児に可能にしてくれている、といえる。それゆえ、乳幼児が家庭で日常生活を適切な仕方で、しかも、快適に過ごせるようになること自体が、家族による意図をともなわない告げ知らせから多くのことを学ぶことに基づいて、さらに様々な能力を育んでいくことになっているのである。

しかも、家庭においては、家族が属している文化や環境や習慣などが間接的に影響を及ぼしている。そのため、乳幼児にとっては、家庭で日常生活を送ること自体が、その子どもが属している文化などを間接的に学んでいくことになる。そうであるからこそ、家族のあいだで展開される人間関係は、子どもや親にとって意識されることなく、子どもの成長に大きな影響を与えている。例えばしつけのようなおとなの側からの明確な意図をともなった子どもへの働きかけよりも、日常生活を子どもと共に現実に営むことによって、子どもは、おとなが自分で自覚したり気づけることをはるかに超えて、おとなからの大きな影響を受けながら、成長しているのである。

以上のことからすると、家庭で家族と共に日常生活を営むことは、子どもにとっては日常生活のすべてを学ぶことになっているはずである。家庭は、子どもが何かを学ぶための根源的な場なのである。

以上で探ったような仕方で、家庭で日常生活をより適切な仕方で営めるようになった子どもは、成長にともない、保育所や幼稚園や小学校や中学校などに通うようになる。その結果、子どもは、現実的で具体的な日常生活の場から、客観的な表現やシンボルを使わなければお互いに理解し合えない場へと移行し、しだいに、家庭とは異なった教科の世界という、いわゆる抽象的な世界を生きられるようになるのである。

しかしだからといって、後に探ることになる園においてと同様、子どもは、家庭での現実的な日常生活において、親から一方的に養育されているわけでは決してない。そうではなく、逆に、おとなだけではなく、子ども自身にとってもそうした意識のないままに、子どもの方がおとなを子どもの親としてくれたり、保育者にしてくれるような豊かな感受性を備えていることによって、子育てや幼児に対する教育が可能となっているのである。それにもかかわらず、子どもの側からのおとなへの豊かな働きかけが従来は十分に明らかにされてこなかった。たしかに、発達心理学や現象学においても、乳幼児期の親子関係や、とくに母子関係については、いわゆる母子が一体となっているあり方として、すでに多くの研究がなされている。しかし、親子関係や母子関係についてのそれら従来の研究や、それどころか日常的な子育てについていわゆる常識とされている経験知でさえも、この時期の乳幼児の他者関係をあまりにも単純化してとらえてきたのではないだろうか。

そこで、次章ではまず、乳幼児の他者関係についての従来の研究の成果を素描し、その問題点を指摘しながら、子どもの他者関係の豊かさについて探っていくことにしたい。

（1）園において、みんなと歩調を合わせることの子どもにとっての意味に関しては、第7章で詳しく探ることにする。

（2）かつては、家庭での食事が園にかなり近い、明確な教育目標をともなっていたこともかなり多かったであろう。というのは、乳幼児のための園が現在ほど普及していなかったため、その役割の一部を家庭が担っていたからではないだろうか。ところが最近では、家庭で親が園と同様の仕方で子どもに接することに対する問題も多く指摘されるようになってきている。そして、こうした指摘こそが、本文で探っているようなことが家庭における子育ての本来のあり方であることを間接的に示しているのではないだろうか。

（3）保育所への入所にさいしては、たしかに法制上は、両親の就業などの観点が入ってくる。そのため、養育という側面が幼稚園よりも強調されていることも事実であろう。しかし、幼稚園と同様、五領域が設定されているからだけではなく、子どもにとっての保育所は、幼稚園と同様の活動の場となっている、と考えられる。そのため、本書では、両者の区別は原則としてしないことにする。

（4）園ではなく、家庭で親の意図をともなわない伝達に対する子どもの感受性の豊かさについては、第9章でさらに具体的に探ることにする。

第5章　乳幼児の他者関係

乳幼児の場合にかぎらず、そもそも教育という営みは、教える者と教えられる者とのあいだで生じる以上、教育においては両者の他者関係のあり方が重要な役割をはたしていることは疑いえない。しかし、ここまで探ってきたように、とくに乳幼児の場合には、子どものあり方が彼らと親密に関わっている親や教師や保育士などのおとなから非常に大きな影響を受けている。そのため、乳幼児の他者関係については、すでに膨大な研究成果が示されている。そうした研究成果の多くは、乳幼児の他者関係の発達過程を、いわゆる母子一体の状態から始まり、そこから子どもの自我が分離していく、といったとらえ方に集約されるようである。

事実、乳幼児の他者関係を発達心理学の立場から研究したワロンによる、他者と、とくに授乳の必要性から母親と子どもとが《お互いに融け合っている状態〔＝融合的社会性〕》についての研究成果が、今日の発達心理学に対して直接的にはもちろん、間接的にも大きな影響を与えている。同様のとらえ方は、現象学においてもみられ、メルロ－ポンティは、ワロンにおける他者と《お互いに融け合っている状態》という言葉を使いながら、ワロンの研究成果を現象学に特有の仕方で解釈しなおし、乳幼児の他者関係について哲学の立場から思索している。

乳幼児の他者関係が他者と、とくに母親とお互いに融け合っている状態から始まるというとらえ方は、フッサールを含め、この時期の子どもについて思索している他の研究者や現象学者にも多くみられる。たしかに、彼らによるこの時期の子どもの他者関係のとらえ方には微妙な違いがみられるが、誕生後しばらくのあいだ子どもは母親とお互いに融け合っている、というとらえ方は共通しているようである。しかし、こうした微妙な違いは、乳幼児のあり方を、発達心理学において典型的な、おとなへと向かって発達を遂げるまでのいわば未完成の状態とみなすか、それともメルロ－ポンティのいうように、おとなには失われてしまった豊かなあり方とみなすか、さらには、本書では詳しく考察することはできないが、フッサールに代表されるように、おとなにおいてもすべての経験の根底に含まれ続けるとみなすか、ということに大きく関わってきている。

そこで本章では、これらの違いを考慮しながら、この時期の乳幼児の他者関係のあり方について探ることにしたい。まず第1節で、乳幼児の他者とお互いに融け合っている状態に関するこれまでの思索を引用しながら、乳幼児の他者関係についての従来のとらえ方の問題点の指摘と、その克服の方向を探ることにする。(1) そのうえで第2節で、他者とお互いに融け合っている状態は、子どもが他者とのあいだでお互いに他方の活動をおぎない合うような仕方で呼応していることであることを導き、そのさいの両者の豊かなおぎない合いについて具体的に明らかにしたい。

第1節　他者とお互いに融け合っている状態

・乳幼児の他者関係を探るための本書の立場

新生児の時期から、自我が確立するおよそ二歳半から三歳ころまでの子どもは、いまだ他者や他者を含んだ状況から分離独立したあり方をしているのではないことを指摘しているのは、先に簡単に触れたように、ワロンやメルロ‐ポンティだけではない。倫理の問題を現象学の立場から思索しているシェーラー（一八七四‐一九二八）も、同情について考察するなかで、他者と感情を共有するさいの様々なあり方の一つである、自他の「溶け合い〔〔＝融合・癒合《ゆごう》〕〕」による〔感情的〕一体感という現象」(Scheler, S. 36, 六一頁; vgl., S. 35, 五九頁, S. 106, 一七六頁参照）の典型例として、「母親と子どもとのあいだの絆」(a.a.O., S. 37, 同書六三頁）をあげている。そのうえで、母親と子どもとのあいだには「意識以前の生命心理的統一」があるとし、両者の身体が分娩によって切り離されても、この統一は「いまだ完全には引きさかれていない」(a.a.O., S. 39, 同書六六頁）、とみなしている。

しかし、自他の溶け合いとか感情的一体感という言葉で示されている事態は、心理学と現象学とでは、いくぶん異なる観点からとらえられている。発達心理学では、ワロンの場合に典型的なように、自分と他者との融け合い、ないし未分化は、いまだ自我が確立していない段階にある子どものあり方の特徴である、とみなされている。他方現象学では、こうした融け合いは、おとなを含めた我々人間の他者経験を根底において可能にしているあり方である、とされている。しかし、ここで問題としたいのは、母子一体や他者とお互いに融け合っている状態といった乳幼児の他者関係が、シェーラーのいう意識以前の生命心理的統一という言葉から間接的に窺えるような、いわゆる生得的なものなのか、あるいは、誕生後の他者関係によって後天的に形成されていくものなのかについては、子どもの現実的な他者経験からは確かめようがない、ということである。

この点に関し、現象学では、我々おとな一般の他者経験の根底にある自他の融け合いを乳児の他者経験に求める傾向がある。しかし、乳幼児における自他の融け合いといった事態は、当然のことながら、すでにおとなになっているため、現象学を遂行している者自身には、それがあるがままには現われてこない。そのため、現象学の方法論を順守するために必要な、こうした事態が疑いえないほどありありと現われてくるような仕方では、乳幼児のあり方を解明することができないはずである。本書の課題から大きく外れるため、後で簡単に触れることしかできないが、この点に関するフッサール自身の思索には曖昧さがあることは否めない(2)。

それゆえ本書では、この点に関してはどちらの立場もとらず、他者とお互いに融け合っている状態と呼ばれる時期の子どもとおとなとの現実的な他者関係を出発点とする。と同時に、あくまでもこの現実的な他者関係にとどまりながら、乳幼児の他者関係について探っていくことにする。というのは、乳幼児の他者経験自体は、疑いえないほどありありと現われてくるような仕方では、我々おとなにはもはや体験できないからである。他方、乳幼児と我々おとなとの関係は、すなわち乳幼児の他者関係は、彼らと日常的に関わっている親や保育者にとって、自分自身の体験に即してありありと現われてくるからである。すなわち、乳幼児の他者関係は、彼らと関わる者自身の他者関係でもあるからである。

しかも、母子一体や他者とお互いに融け合っている状態が子どもにたとえ生得的に備わっているとしても、狼に育てられた子どもの事例からも窺われるように、こうした生得的な機能は、現実の母子関係や他者関係のなかで顕在化されなければ、子どもと母親や他のおとなとのあいだで十分に発揮されることはない。また、それらが誕生後の現実的な母子関係によって形成されるならば、その形成過程を追わなければ、母子一体や他者とお互いに融け合っている状態が具体的にはどのようなあり方であり、どのように形成されるかはとらえられない。すると、いずれの立場をとろうとも、この問題に対する学問的構えとしては、子どもの現実の他者関係にとどまらざるをえなくなる。さらには、本書の課題である、この時期の乳幼児教育に関する研究を教育実践に即したものにするためにも、やはり乳幼児の他者関係を明らかにする必要があるはずである。そこで、本書では一貫して、現実に生起している乳幼児の他者関係にとどまりながら、幼児の対人関係について探っていくことにしたい。

・自我の確立にいたる過程

生後六カ月ころまでは、子どもの自我は、たとえ目覚めている時でも、さほど機能してはおらず、いわば《まどろみ》の状態にあるようである。しかし、六カ月ころを過ぎると、乳児の意識は、目覚めている時にはかなりはっきりと機能するようになる。と同時に、他者関係が明確に現われるようになる。すなわち、微笑んだり泣いたりといった仕方で、感情を表現するようになる。また、親とその他のおとなを区別するように、つまり《人見知り》をするようになる。

一歳を過ぎるころから自我が芽生えはじめ、第一次反抗期と呼ばれるおよそ二歳半過ぎから三歳ころ以降は、幼児の自我も他者や他者を含んだそのつどの状況から分離し、自我が確立される、というのが一般的な見解であろう。ワロンも、「自分と他者との区別は、実際には、徐々にしか獲得されない」ため、この区別がつく前までは、「幼児の反応には常に周囲の人々の反応が反響しており、周囲の者と感情を共有しているようである」(Wallon, p. 105, 九一頁)、としている。そのうえでワロンは、子どもが、「自分を他者から明確に区別した主体として活動しはじめるのは、少なくとも三歳になってからである」(ibid., p. 239, 同書二〇九頁)、という。

経験的にも、例えば、《イヤ》という言葉がかなり強く発せられるようになり、自分の存在を際立たせようとする、といった仕方で自我が前面にでてくる時期は、《イヤイヤ期》とか、いわゆる《魔の二歳児》と、そして、自我が確立する三歳の時期は、《三つ子の魂百までも》といった言い回しで表現されている。

幼児の自我のこうした確立の過程において重要な役割を担っているのは、明らかに親との関わりである。というのも、自我の確立期にいたるまでの子どもにとっては、身体的にも精神的にも、親からの関わりが欠かせないからである。このあいだに子どもは、自分で食事をしたり、排泄をコントロールできるようになったり、母語をほぼ完全に使いこなせるようになり、その子どもが生まれた文化や環境に適応できるような知覚と運動の基礎を、すなわち、その文化に適応した行動を可能にしてくれる能力を身に着けていく。

自我の確立にいたるわずか三年ほどのあいだに、子どもがこのような基礎を確実に身に着けていけるのは、たしかに、親をはじめとしたおとなの働きかけによるところが大きい。しかしだからといって、子どものこうした成長は、おとなの働きかけに彼らがいわば受動的に反応することによってではない。おとなが実際に何らかの働きかけをし、それをいわば刺激として子どもが受け取り、その結果、子どもが何らかの反応を返し、その反応のいわゆる正しさに即して、おとながそれを補強したり修正したりすることによって、子どもは文化的な環境に適応した行動を身に着けていくのではないのである。というのは、すでに第4章で探ったように、この時期には、家庭でも保育所でも、親や保育者といったおとなは子どもを教育するという明白な意図なしに、子どもとの日常生活を一緒に築きあげるような仕方で子どもに接していることの方が、はるかに多いからである。また子どもも、おとなと同様、教育されているとか、強制されているといった意識なしに、以下で詳しく探るような仕方で、彼らなりの仕方で、おとなの働きかけに対して態度をとっており、自分のあり方に即した仕方でそれらをおぎないながら受け入れているからである。

・感情の絆と感情移入

こうした態度の取り方を可能にしている能力の一つとして、子どもが、自分から何らかの行動を起こす前に、その行動がおとなにとってどのような意味をもつことになるかをあらかじめ感じ取っている、という子どもの感受性があげられる。こうした感受性について、精神病理学者であるサリヴァン（一八九二－一九四九）は、次のようにいう。何らかの行動を起こす前に、あるいは行動中に、子どもの「自我は、〔自分にとって重要な〕おとなの承認と不承認の原因となりそうな自分の行動に対して鋭く焦点を絞る」（Sullivan, pp. 9－10, 三〇頁）ことによって、彼らは新しい行動を獲得していく、と。というのも、自分の行動に対しておとなである親から与えられる承認や不承認は、彼らの感情にとって非常に大きな影響を与えるからである。たとえ明確な意識をともなっていなくても、しかじかのことをしたら、その行動はおとなから承認されるかどうかにあらかじめ気を配れるようになることによって、幼児は急速に多くの活動を身に着けていく。そうである以上、この時期の子どもは、親などによって現実になされた言動だけではなく、これからなされるかもしれない言動に対しても、かなり敏感な感受性を備えていることになる。と同時に、自分の行動に焦点を絞ることにより、子ども自身にとって「自分がきわめて重要になってくる」（ibid., p. 9, 同所）ため、自我の確立がうながされることにもなる。

しかも、親から受けることになる承認や不承認は、必ずしも常に、第三者からみて明確な仕方で幼児に与えられるわけではない。また、すでに探ったように、必ずしも親の明確な意図をともなってなされるわけでもない。それらは、親のわずかな心の揺れ動きとして、承認や不承認の気配が当の幼児にのみ感じうるようなものでしかない。それにもかかわらず、子どもがこうした気配を鋭く感受できるのは、サリヴァンによると、すでに誕生時から、子どもは親との、とくに授乳の必要性から母親とのあいだで「感情の絆」を結んでいるからであり、感情の絆に基づいて「感情移入(empathy)」が可能になるからである(ibid., 同所)。しかも、感情移入によっておとなからの承認と不承認を感知している以上、サリヴァンのいうところの幼児の感情移入は、邦訳者が補足しているように、幼児による他者の「感情のとりこみ」(同所)を意味していることになる。サリヴァン自身も、「感情移入の絆のおかげで、……幼児の満足した反応に対する親の反応が、幼児に良い感じを伝達する」(ibid., 同書二七頁)、と述べている。しかも以上の引用からは、サリヴァンが、感情移入やそれを可能にしている感情の絆は生得的である、とみなしていることがわかる。

以上の考察をしたうえで、サリヴァンは、六カ月ころから二歳三カ月ころまでを、他者の感情の取りこみとしての感情移入の時期としている(cf. p. 8, 同書二七頁参照)。また、ワロンも、六カ月ころから自我の確立される三歳ころまでの時期を、それが分化していく過程を含めて、他者とお互いに融け合っている状態の時期と呼んでいる。それゆえ、子どもにおける自分と他者との一体性や融け合いというあり方については、この時期に着目して探ることが妥当であろう。そのうえでここで考察すべきことは、こうした時期における子どもの感情移入や他者とお互いに融け合っている状態を介して、どのようにして彼らは自分の属する文化や社会に適した感覚や行動を身に着けていくか、ということである。

しかし、この点については、サリヴァンもワロンも考察していない。このことを探るための貴重な示唆を与えてくれるのが、実際に何らかの行動を起こす前に、その行動へと関心づけられていることと、関心づけられていることを自分の能動的な行動によって実現することに関する、フッサールによる次のような思索である。

・やりたがっているだけ

サリヴァンのいうように、何らかの行動を実際に起こす前に、子どもが自分にとって重要なおとなの承認や不承認の原因となりそうな自分の行動に鋭く焦点を絞っているならば、その子どもは、これから行なおうとする自分の行動にすでに関心をいだいていることになる。しかし、いまだ行動していないかぎり、現実に行動しようと「努力することは受動的なままであり」、こうしたあり方は、「自分本来の行動、つまり行為とはなっていない」(Husserl, 1952, S. 329)。そのため、フッサールは、現実に行為するという「能動的に努力すること」を「意志すること」(ebd.) と呼び、これからしようとする自分の行為に関心づけられているだけでしかないため、いまだ現実に行動することのないまま、ただ「やりたがっているだけ」(ebd.) でしかないことと区別している。この区別にしたがうと、この時期の幼児は、前者の受動的な状態にとどまっていて、やりたがっているだけの状態でしかない自分の行動にまず「関心づけられている」(ebd.) ことになる。こうした仕方で自分がやりたがっているからこそ、幼児は、能動的に努力するといった意志によって実際にある行為をした結果、承認が得られるかどうかをそのつど体験しながら、承認された行為を確実にしていくといった、試行錯誤という非常に効率の悪いやり方で、一つひとつの行為を多くの時間をかけて身に着けていかなくてもいいことになる。

というのは、フッサールによれば、やりたがっているだけの行動へとあらかじめ関心づけられていれば、それを実際に「実現する筋道……が〔あらかじめ私自身に〕意識されている」ため、その行動は「私によって実現されることが可能となっているような実践的な目的」となっているからである（ebd.）。

例えば、すでにハイハイで移動することのできるようになった子どもが、少し離れた所にいる親に抱きつきたいと思って、すなわち親に抱きつくことを実践的な目的にしたとしよう。すると、その子どもが親のいる所へと自分から移動しようとした時には、親に抱きつくことは、いまだ現実の行為とはなっておらず、抱きつきたいだけでしかない。たしかに、この時の子どもは、抱きつきたいだけでしかないが、少なくとも、親に抱きつきたいことへとあらかじめ関心づけられている。しかも、すでに自力でハイハイができるため、この時の子どもは、フッサールのいうように、少し離れた所にいる親に実際に抱きつくためにはどうしたらいいのかという、抱きつくという行為にいたる筋道が意識されているはずである。しかも、この時の子どもにとって親とのあいだでの感情の絆が築かれていれば、親に抱きつくことによって親から承認されるかされないかが重要な関心事になっている。そのため、実際に親に抱きついた結果、親から承認されるか不承認しかえられないかが現実のものとなった時には、抱きついた時にえられる承認や不承認だけではなく、実際に抱きつくためにあらかじめ意識されていたところの、親のいる所までハイハイで移動する筋道までもが親の承認や不承認の原因であったことさえも、子どもの心に刻み込まれることになるはずである。

この例のように、子どもが初めて何らかの行為をしたさいに、以上で述べたようなことが子どもに生じているならば、その時の子どもは、試行錯誤と条件づけによって何度も同様の行動をすることによって、新たな活動をしだいに身に着けていくのではないことになる。そうではなく、たった一回の行為によっても、感情の絆を背景として承認がえられれば、その行為は子どもの身に着けられることになる。先の例でいえば、ハイハイで親に近づき抱きついた結果、親が喜んでくれたり、褒めてくれれば、その行為において実践的な目的にいたる筋道までもが子どもの心に刻みこまれ、その時の行為は容易に子どもの身に着けられることになるのである。

こうした例において典型的なように、フッサールにおける以上の解明からは、おとなとの感情の絆に基づいて、自分の行動へとあらかじめ関心づけられていることが、この時期の幼児が実際に行動するさいの導きとなっていることが明らかとなる。すなわち、自分にとって重要なおとなからえられるであろう承認や不承認を、おとなの感情を取りこむことを介してあらかじめ感知することができるからこそ、たとえやりたがっているだけでしかなくても、それを実際に実現するための筋道をあらかじめ意識できるのである。こうした意識によって、幼児は、自分から彼らが属することになるであろう文化や環境に適した行動を実現するための筋道に沿った仕方で、非常に多くの活動を急速に身に着けていくことができるはずである。

では、親からの承認や不承認へとあらかじめ関心づけられていることを可能にしているところの、この時期の子どもが他者とお互いに融け合っている状態は、彼らによってどのように生きられているのであろうか。このことについての従来の研究の問題点を指摘しながら本書の立場を明らかにするためには、先行研究の言葉をある程度引用しながらの考察が必要となるであろう。

・他者とお互いに融け合っている状態の内実

まず探らなければならないのは、自我が確立していないとされる時期における子どもが他者とお互いに融け合っている状態とはどのようなあり方なのか、ということである。ワロンによると、自我が確立することは、「〔それまでは〕感覚によって子どもに生き生きと体験されていた状況から解放されて、そこから〔自己〕同一性が浮かびあがってくる」（Wallon, p. 295, 二六〇頁）ことである。それゆえ、ワロンにおける自我の確立は、まずは状況からの分化に求められることになる。

しかし、他方でワロンは、本章ですでに引用したように（本書一〇六頁）、幼児が自分と他者とを区別する以前は、周囲の人々の反応が幼児に反響しているため、周囲の者と感情を共有している、とみなしているのであった。ワロンは、他者とお互いに融け合っている状態を、周囲の者と感情を共有しているあり方とし、「同じ感情状態のなかで自分と他者とをまず混同すること」としての

「感情的同化」(ibid., p. 255, 同書二二四頁) とか、自分と他者とのあいだでの「感情的態度の呼応や相互性」(ibid., p. 256, 同所) といったことを、他者とお互いに融け合っている状態の特徴としている。するとワロンにおいては、自我が確立する以前の子どもの自我は、状況から切り離されていないことだけではなく、その状況を一緒に生きている他者と自分とが同じ感情状態となるような仕方で、他者の感情に同化しているということが、他者とお互いに融け合っている状態の内実となっていることになる。

　ワロンにおける他者とお互いに融け合っている状態のこうしたとらえ方と、ワロンの事例やエピソードに依拠しながらも、メルロ－ポンティは、この時期の幼児の他者とお互いに融け合っている状態を、彼に独特の仕方で解釈しなおしている。

　メルロ－ポンティによれば、子どもの成長においては、まず、「他者の志向（＝対象へと意識を向けること）が何らかの仕方で私の身体を通して働いている」と同時に、「私の志向が他者の身体を通して働く」といった、実際に私と他者とが直接関わり合うことを可能にしている「前交流の状態がある」(Merleau-Ponty, 1953, p. 23, 一三七頁)、とされる。すなわち、自我が確立する以前の子どもと他者とはそれぞれ相互に切り離されており、それぞれが別々に自分の外の世界へと向かうことによって、両者は共通の目的に関わることができるのではない。こうしたことができるようになる前は、両者の志向が区別されることなく、一方の志向が他方の身体を通して機能することが生じている、とされているのである。

例えば、子どもが自分一人ではやりたいことが十分にはできない時におとなが一緒に手伝うことは、子どもの志向がおとなの身体活動を通して実現されることになる。こうした前交流が生じている時には、「個人と個人との向き合いではなく、〔個々人が未分化であるため〕無名〔〔＝匿名〕〕の集合体があり、分化されることのない複数の生の営みがある」（ibid., 同所）ことになる。とくにこの時期の幼児は、たとえ一人で遊んでいても、親や保育者といった信頼できる親しいおとながそばからいなくなると、不安になってしまい、遊びを続けることができなくなり、多くの場合、泣きだしてしまう。このことは、幼児は、一人で遊んでいるように思われても、そばにいるおとなと一緒にその遊びを生きているのであり、たとえそのおとなとのあいだで直接的な交流がなくても、前交流というあり方で、潜在的には親や保育者とは分化されていない。そのため、たとえ親や保育者が直接には一緒に遊んでくれなくても、一人で遊んでほしいというおとなの想いが、そうしたおとなとの前交流の状態を生きている子どもの身体を通して働いていることになる。それゆえ、この時の子どもは、たとえおとなから「一人で遊んでてね」と言われなくても、一人で遊び続けることがおとなから承認されることを、それどころかそうしたおとなの想いをあらかじめ感知しているのである。

こうした例から典型的に明らかとなるように、「最初の自我は、……潜在的な自我であり」、「絶対的な個人としての自分自身についての意識」がないため、「他者と……分化されている状態〔のなか〕で自分自身を知ることがない自我である」（ibid., 同書一三八頁）。このことからメルロ－ポンティは、他者から分化されていないという意味での未分化な子どものあり方とは、潜在的には自分と他者とのあいだでそれぞれの志向が相互に交流し合い、一方の志向が他方の志向へと浸入し合っているあり方のことである、とみなしている。すなわちメルロ－ポンティは、「お互いの役割を絶対的に区別することができない」まま、両者の志向が一緒になって向かっている外の世界への見通しの浸透し合いを「見通し〔〖＝パースペクティヴ〗〕の〔相互〕浸蝕」(ibid., p. 59, 同書一九〇頁以下) と呼び、見通しの相互浸蝕をこの時期の幼児のこうした対人関係のあり方の特徴である、としている。

そのうえでメルロ－ポンティは、ワロンがいうところの他者とお互いに融け合っている状態とは、「自分と他者とが、両者にとって共有されている状況のなかへと融け合っているような未分離」(ibid., p. 25, 同書一三八頁) のことを意味する、と解釈しなおす。先の例で典型的に明らかとなるように、幼児は、おとなと一緒に何かをしている時だけではなく、おとながそばで見守ってくれているだけでも、自分が生きている状況をそのおとなと共有しているため、その状況のなかでどのような活動をしていても、おとなと一緒にその状況を見通している。そうであるからこそ、この時期の幼児は、自分が何をどのように見通しながら、何をどのようにしているかをことさらおとなと確認し合うことのないまま、例えば時々眼を合わせるだけで、自分が生きている状況をおとなと一体になって見通しているという安心感をもって、活動できる。また、こうした見通しがおとなとのあいだで相互に浸蝕し合っているからこそ、幼児は、実際にある行為を起こす前に、その行為が親に承認されるかどうかにあらかじめ注意の焦点を絞ることができるのである。

以上のことからすると、一方ではサリヴァンやワロンと、他方ではメルロ＝ポンティとでは、この時期の子どもの他者関係が微妙に異なる観点からとらえられている、ということが明らかになる。すなわち、サリヴァンやワロンによれば、子どもは他者と感情的に一体となっていたり、感情移入によって他者の感情を取りこんだり、感情的に自分と他者とを混同するという仕方で、他者の感情に同化していることになる。そのため、彼らの場合には、子どもとおとなとのあいだで感情的同化が生じている、とみなされていることになるのであった。他方メルロ＝ポンティの場合には、外の世界への志向的な相互浸蝕という観点から、他者とお互いに融け合っている状態がとらえられることになる。すなわち、外の世界への関わり方だけではなく、世界への見通し方さえもが、子どもとおとなとのあいだで相互に浸蝕し合う、ということが生じていることになる。しかし、他者とお互いに融け合っている状態を生得的なものとみなしていることに関しては、サリヴァンやワロンとメルロ＝ポンティとのあいだに違いはない。

たしかに、生得的なものかどうかに関しては本書ではいずれの立場をとらないとしても、幼児とおとなとのあいだでは、おとな同士のあいだではみられないほど、相互浸蝕が非常に多く生じている、という経験的事実と、この時期の幼児の相互浸蝕の豊かさとその能力の高さは、注目に値する。

そして、第9章で詳しく探ることになるが、オママゴトのようなゴッコ遊びは、幼児のこうした豊かな能力がいかんなく発揮されていることを典型的に明らかにしてくれる。しかし、ワロンらに欠けているのは、外の世界への志向的な相互浸蝕に基づいて可能になるところの、この時期の幼児の感受性の豊かさとその能力についての考察である。そこで、他者とお互いに融け合っている状態についての二つのとらえ方の違いをさらに明確にすることによって、この時期の幼児の豊かなあり方を具体的に明らかにしたい。

・おぎない合う呼応としての他者とお互いに融け合っている状態

他者とお互いに融け合っている状態が、自分と他者との混同を意味しているワロンらとは異なり、メルロ－ポンティにおいては、外の世界への志向的な相互浸蝕を意味しているのは、メルロ－ポンティが、人間関係一般における次のような事態が幼児の場合には典型的に顕在化されている、とみなしているからである。つまりメルロ－ポンティは、他者の身体を知覚すると、他者が身体を使って何をどのように知覚し、その知覚に基づいてどのように行動しているかが、知覚している者にとらえられる、とみなしている。例えば、他者が食事をしているのを私が知覚すると、私が食事をする時の自分の身体の使い方でもって、他者の食事の仕方をあたかも自分で実現しているかのように感じることができる。

つまり、我々おとなを含め、「他者知覚においては、私の身体と他者の身体は対にされており、二つの身体で一つの行為をなしとげることになる」(Merleau-Ponty, 1953, p. 24, 一三六頁)、とメルロ－ポンティはいう。他者を知覚することは、「私が、自分がただ見ているにすぎないその〔＝他者の〕行為を、ある種の仕方で離れたところから生き、それを私の行為とし、その行為を譲り受けたり、理解したりする」(ibid., 同所) ことであり、「私は、他者の表情が表現していることに即して私の志向を生きたり、また逆に、私自身の身振りのなかで他者の意志を生きる」(ibid., p. 25, 同書一三七頁)、ということなのである。

メルロ＝ポンティは、このように、自分と他者との融け合いを外の世界に対する二人の人間の意志や志向の相互的な一体的行為として理解している。他方ワロンらの場合には、他者関係における子どもの感情と行為との関係が曖昧である。たしかに、例えばシェーラーは、母子間の絆に関しても言及し、母親との感情的一体感においては、子どもと母親とのあいだで適合や対応がみられるとし、次のようにも述べている。「母親の生活のリズムと子どもの生活のリズムとのあいだに経験的なものを超えた一層深い絆」があり、「例えば、母親の乳房が母乳で張ってきてそれを〔乳児に〕含ませようとする衝動が生じるリズムと、子どものなかで繰り返される空腹のリズムとのあいだには、一つの適合が成りたっている」(Scheler, S. 39, 同書六五頁)、と。そのため、「授乳させるという衝動の動きと子どもの空腹という衝動の動きとは対応している」(ebd., 同所)、と。しかしながら、シェーラーにおいては、母子間の感情の絆や感情的一体感と母親と子どもの活動のあいだで生じる適応や対応との関係については考察されておらず、両者の関係は曖昧なままである。

ワロンの場合には、感情的同化による自分と他者との混同が、幼児の他者関係の主たる特徴とされていることは否めない。しかしさらには、自分と他者とのあいだでの「感情的態度の呼応や相互性」という観点から、少なくとも幼児同士のあいだでは「反応の仕方に最小限度の呼応」や「関心の協応」が生じるとし、幼児同士がお互いに相手の活動を「おぎない合う活動」についても記述している（Wallon, pp. 251－252, 二二〇頁）。それにもかかわらず、ワロンにおいては、こうしたおぎない合う活動については、さほど記述がない。それどころか、子どもとおとなとの関係については、こうした観点がまったくみられない。

しかし、幼児の他者関係において特徴的なのは、自分と他者との混同よりも、例えばこの時期に夢中になる、他者とのあいだで展開される次のようなおぎない合う活動である。つまり、物の交換遊びや、お互いに《イナイナイバー》の役割を交替し合ったりする遊びを繰り返す。物の交換において、本来は《あげる》というべき役割においても《ちょうだい》と言って相手に物を差しだす、といった立場のとらわれのなさが顕著になる。これらは、メルロ－ポンティがいうところの、自分と他者とが、両者にとって共有されている状況のなかへと融け合っていることから生じるおぎない合う活動である。それゆえ、ワロンによって他者とお互いに融け合っている状態とされているこの時期の幼児のあり方における、自分と他者とが混同されたり、自分と状況とが未分離であるという事態は、自分と他者や状況との区別がついていない、といういわばネガティヴなものではない。そうではなく、むしろ、幼児のこうしたあり方の本質をなしているのは、以下で探るように、おとなには失われてしまっている、いわば相手の心に響くように呼びかけたり、そうしたおとなの呼びかけに応えること、すなわち、他者とのあいだで相互になされるおぎない合う呼応の豊かさである。

例えば、授乳でさえ、母親が一方的に乳児に栄養を補給しているだけではないことは、すでに第3章で述べたように（本書六八頁）、「今日はオッパイをたくさん呑んでくれた」という母親の言葉からも間接的に窺えるのであった。それゆえシェーラーのいうように、母親の乳房の張りのリズムと乳児の空腹のリズムとが同期しているならば、授乳によって、母親の乳房の張りは、乳児が母乳を呑んでくれることによって、除かれることになる。それどころか、授乳によって乳児が微笑み返してくれるならば、母親は、自分自身の空腹がたとえ満たされることがなくても、ほのぼのとした幸せの気分に浸ることができる。授乳には、子どもの方から母乳を呑んでくれたことに対する、すなわち母親の授乳の行為を乳児が豊かにおぎなってくれたことに対する母親の感謝がともなわれているのである。

このように、この時期の子どもとおとなとの関係においても、一方の行為が他方の行為によっておぎなわれており、両者の行為は心に響き合うような仕方で相互に呼応し合っていることがわかる。こうした両者の関係は、広い意味での一方の呼びかけに対して他方がその呼びかけをおぎなうような仕方で応じていることから、この時期の親子関係においてさえ、子どもとおとなは、お互いに他方の行為を豊かにおぎない合いながら呼応し合っている、といえることになる。

あるいは、遊具やお菓子を子どもに差しだすだけでも、子どもは自分から手を伸ばしてそれをつかもうとする。食事のさいの親のこまごまとした介助に対しても、適切な仕方で対応することがしだいにできるようになる。それどころか、子どもへの呼びかけに対して、それまでの活動をとめたり、親の方を見やることでさえ、おとなの働きかけに対する子どもの方からの受動的な反応ではない。子どもからのそれらの対応によって、親のさらなる働きかけが可能となり、呼びかけたおとなと子どもとの共同作業がさらに促進されるため、やはり両者のあいだでは、おぎない合う呼応が豊かに展開している、といえるのである。

たしかにこうしたおぎない合う呼応は、通常の子育てにおいては、おとなにとっても子どもにとっても、さほど意識されることなくあまりにも当たりまえのこととして展開しているため、ことさら取りあげる必要がないように思われるかもしれない。そのため、おぎない合う呼応を可能にしている幼児の豊かな能力によって子どもとおとなとの人間関係がむしろ支えられていることも、見逃されているのである。また、同様の理由から、こうした呼応において発揮されている親の、とくに母親の深く鋭い感受性も、やはり隠されたままとなっており、親による子育ての苦労や不安も、親個人の資質に帰せられてしまいがちなのである。

第2節　おぎない合う呼応の背景としての《共に存在し合うこと》

そもそも乳幼児期における子どもとおとなとの関係は、いまだ発達の初期にある子どもに対して、おとなの側から一方的な子育ての働きかけがあり、それに対して子どもが受動的に反応し返す、といった単純なものではない。そうではなく、この時期のおとなと子どもとのあいだでは、先に述べたようなおぎない合う呼応が両者のあいだで豊かに展開していく。このことは、家庭においても保育所や幼稚園においても、基本的には変わりがない。というのも、いずれの場合においても、子どもに対するおとなの働きかけは、精神的にも身体的にも子どもの健やかな成長を願うおとなの想いに支えられており、子どもは、個々の具体的なおとなの働きかけにさいして、以下で探るように、おとなのこうした想いをも同時に感受しているからである。

・子どもとおとなが《共に存在し合うこと》

たしかに子どもとおとながお互いにおぎない合いながら呼応し合っていることは、小学校以降の子どもの場合にもいえることは否定できないであろう。しかし、児童期以降の子どもの場合には、教科の授業で、あるいは、社会的に認められる生活習慣のさらなる確立のための生活指導で、広い意味での人類の文化遺産の獲得がめざされている。しかも、子どもの自我がすでに十分に確立しているため、子どもに対する教育的働きかけにおいては、教科内容を中心としたそのつどめざされる教育内容の獲得が子どもにも教師にも明確に意図されている。他方、乳幼児期では、文化遺産の獲得の基盤となる、子どもが属している文化や環境といった、彼らが生きている世界へと適応することがまずめざされる。しかもそのさいには、児童期以降の子どもよりもかなり顕在的に、彼らと関わるおとなとの人間関係が、彼らの活動や、活動の結果としての彼らの成長にとって、重要な役割をはたしているのである。

例えば、幼児期に親から子どもへと何らかの言葉をともなった働きかけがなされる場合にも、子どもはその話しかけの言葉の意味を概念的に理解して、その言葉に反応する、ということはほとんどない。このことは、子どもが三歳くらいになり、母語をほぼ十分に使いこなせるようになった後でもいえることである。おとなからの、「これから○○をしようね」とか、「○○をしなさい」といった語りかけは、たしかにその意味にかなった仕方で子どもにとらえられるであろう。しかし、子どもは、語りかけられた言葉の意味にのみしたがって、すなわち、その言葉を発している親の想いとは切り離された言葉自体を理解しているだけではない。子どもがおとなの言葉を受け入れる時、彼らは、その意味を理解すると同時に、その言葉によって指示されている行為を自分から引き受けて、その行為をしてほしいというおとなの想いをも自分の想いとすることになる。

例えば、家庭で親が、「これからお昼〔ご飯〕にしようね」と子どもに語りかけ、子どもが「うん、わかった」と答える時には、子どもは親の命令にしたがっているのでもなければ、親はお昼ご飯を食べることを子どもに強制しているのでもない。そうではなく、親は、お昼ご飯の準備を整えることによって子どもと一緒に食事をするつもりになる。他方子どもの側では、それまでは例えば夢中になって遊んでいたため思いもよらなかった、お昼ご飯をこれから一緒に食べるということが子どもの意識に湧きあがってくる、ということが生じている、と考えられる。

たしかに、こうした事態は、おとな同士のあいだでも本来生じているはずである。すなわち、フッサールのいうように、自分と他者とのあいだで営まれる伝達において、一方では、私に何かを

「伝達するさいに他者のなかで起こっているもの」を私がとらえることと、他方では、他者の言葉を聞くことによって、新たに「私の生のなかで活気をおびてくるもの」（Husserl, 1952, S. 485）という二つの事態が、聞き手である私の意識に生じているはずである。先の例でいえば、「これからお昼にしよう」という言葉に含まれている《一緒に食事をしたい》という他者のなかでの想いを私がとらえると同時に、その想いが私の生のなかでも活気をおびてきて、《自分も一緒に食事をしたい》という私自身の想いが生じてくる。しかしおとな同士の場合には、こうした二つの事態は、当事者に意識されにくいだけではなく、多くの場合、他者のなかで起こっていることと同様のことが私にも生じることは、まれである。というのは、おとな同士の伝達の場合には、この例でいえば、「これからお昼にしよう」という語りかけは、これから一緒に食事をするためのたんなる合図としてしか機能しなくなっていることの方がはるかに多いからである。すなわち、食事への誘いは、家庭における一日の生活の流れをスムーズに経過させたり、自分たちの空腹を満たすために食事をすることのきっかけなどとなっていることの方がはるかに多いからである。このことは、例えば、それまでは仕事に夢中になっていて、食事の時間を忘れていたため、食事への誘いの言葉を聞いた時に、《もうこんな時間か》といった想いが生じる時に典型的に明らかとなる。そうではなく、フッサールのいうようなことが生じるためには、実際に食べる前に、「いただきます」という言葉を一緒に発することによって、食事をする者の意識を同じものとするような、いわゆる儀式が必要となるであろう。あるいは、何らかの記念日を祝うためという想いが語り手にあり、そのことを聞き手が気づいた時にも、フッサールがいうところの二つの事態が聞き手に生じるであろう。

　他方、幼児の場合には、例えばそれまではテレビのアニメ番組に夢中になっている時に典型的に明らかとなるように、彼らは、テレビを見ることを終わらせ、自分から食事をする気にならなければ、親の呼びかけは彼らに受け入れられることがない。幼児の場合には、フッサールのいうように、親のなかで起こっていたところの、食事の準備を終え、これから子どもと一緒に食事をしようという親の願いを受け入れ、テレビを見るのをやめて、気持ちを切りかえてこれから親と一緒に食事をしようという意識が活気をおびてこなければ、彼らは食事に集中できなかったり、楽しく食事をすることができないことの方がはるかに多い。経験的にも、おとなと比べ、乳幼児の場合には、いわゆる《気分がのらない》と食事に集中しないため、食事を始めるさいや食事中に、楽しく食事をするための、あるいは他のことへ向かっている子どもの意識を食事をすることへと集中させるための言葉かけなどがおとなの側からなされなければならない。他方、おとなの場合には、例えば仕事の話をしながら食事をすることは、その話がかなり深刻なものでなければ、食事を続けることの支障にはならないのである。

　子どもとおとなの場合とでこうした違いがでてくるのは、おとなよりも子どもの方が自分の気持ちがより素直に彼らの活動に大きな影響を与えるからであろう。というのも、子どもは、自分の内面で生じている想いや状態を理性や理屈やそれまでの習慣の積み重ねによって抑えることが、すなわち、内的意識と外的身体活動とを意図的に分離させることがおとなほどには器用にできないからなのであろう。そのため、とくに幼児の場合には、フッサールが記述しているようなことがしばしば生じている、と考えられる。そうである以上、こうした子どもに対応しているおとなの側にも、同様のことが求められる。すなわち、子どものなかで起こっていることをたとえとらえたとしても、子どものなかで起こっていることと同様のことがおとなの意識のなかで活気をおびてこないと、子どもとの関わりは、おとな同士の関わりの場合よりも、より困難になる。例えば、子どもが親に「〇〇をして」という時、その時の子どもの気持ちをたとえ理解しても、その〇〇をしようという意識が親にとっても活気をおびてこなければ、すなわち親自身も本当に〇〇したくならなければ、親の対応は、いわゆる《しぶしぶ》とか、《表面的》と呼ばれるような対応でしかなくなってしまう。おとな同士の場合であれば、他者のこうした不本意な従順さに接したとしても、他者と共に何かをすることはかなり容易であろう。

他方、親のこうした内面の想いは、幼児に鋭く感知されてしまうということは、すでに詳しく探ってきたし、よく知られた経験知ともなっている。本章ですでに述べたように（本書一一六頁以下）、とくに他者とお互いに融け合っている状態の時期の子どもは、何事かに対する他者の志向を子ども自身の志向とし、それに対する見通しをも自分の見通しにしてしまうのであった。そのため、おとなの身体活動を見ているだけで、彼らの身体はおとなの身体と対をなすような仕方で、おとなの志向と子どもの志向とのあいだや、見通しのあいだで相互浸蝕が容易に生じてしまう。子どもの想いに応えて何かに向かって活動している時のその何かに対する親の志向を、例えば心底そうしたがっているか、しぶしぶそうしているだけでしかないかを、この時期の幼児は鋭く感知してしまうのである。

すると、おとな同士のあいだでも生じるであろうが、通常は意識されることのない、フッサールによって記述されている以下のような意識が、幼児とおとなとのあいだでは、より容易に顕在化されてしまう。すなわち、おとな同士のあいだでも、他者が「ある願いを言葉にする」と、「〔他者によって〕話されたことを私が受け入れることを、場合によっては、私がそれを請け負うこと〔＝他者に代わって他者の願いなどを実現してあげること〕を自分で意識してしまっている」（ebd.）、ということが生じる場合がある。そして、幼児とおとなとのあいだでは、フッサールのいうこうした意識が生じていなければ、両者のあいだでの関係がスムーズに展開しなくなることさえある。

例えば、子どもが折り紙をしている時に、手先の不器用さから思った通りの折り方ができないため、おとなが子どもの作りたいものを子どもの代わりに作ってあげようとしたり、子ども一人ではできない作業をおとなが代わりにやってしまうと、子どもは満足しないだけではなく、「僕が作りたいのはそんなんじゃない！」といった言葉でもって、おとなとの共同作業を拒否してしまうことがある。というのは、おとなの手助けによって子どもの最終的に作りたいものがたとえ完成しても、その時には、手先の不器用さにもかかわらず何とか苦労して作りたいという子どもの願いを親自身の願いとすることができないため、子どものこうした苦労をおとなが請け負ってはくれないからである。

このように幼児は、自分が願っていたことがおとなに受け入れられないと、たとえおとなが自分と同じ目的をもってくれたとしても、両者の願いが相互に切り離されていることを、すなわち両者のあり方がお互いに融け合っていないことを感知し、おとなと一緒に自分の願いを実現していると感じることができない、ということになってしまうのである。

他方、フッサールが記述している二つの事態がおとなに生じている時には、両者の願いが同じであっても相互に切り離されているだけでしかない時とは異なり、次のことが両者のあいだで展開していく。すなわち、両者の意識が相互に相手の想いを引き受けたり、それどころかさらには、子どもの願いを当の子どもに代わっておとなが責任をもって実現してくれるという仕方で、子どもの想いをおとなが請け負うならば、一方の意識を他方が取り入れながら、両者の関係が、両者にとってより好ましい方向へと展開していくことになる。

先の例でいえば、例えば、苦労している子どもの想いをおとなも感じることにより、子どもが苦労している部分の作業をおとなも一緒に苦労しながら作業するならば、あるいは、「ここが難しかったんだね、ママもうまくできないかもしれないけれど……」と言いながら、子どもの苦労そのものを子どもに代わって実現するならば、苦労しながら作品を完成させたいという子どもの願いをフッサールのいうような仕方で請け負うことになるはずである。

フッサールは、こうした仕方で、他者が話したことを私が受け入れ、他者の願いや想いを請け負うことを、お互いに存在し合うという意味で、私と他者が「共に存在し合うこと〔＝相互共存在』」」（ebd.）と呼んでいる。

しかも、フッサール自身によっては明示されていないが、先に引用したフッサールの言葉や文章からすると、お互いに共に存在し合うことが生じている時には、他者の想いや願いをそのまま私の想いや願いとして受け入れるだけではなく、さらに次のことも生じているのではないだろうか。すなわち、他者の想いなどによって私のなかでも新たに活気をおびてくるものが生じることにより、他者の想いなどに寄り添いながらも、さらに私の意志によって他者の想いなどをより豊かに請け負う、ということがフッサールの引用文の言外や行間にこめられているのではないだろうか。というのも、以下でフッサールと共に探るように、こうしたあり方は、相手と同じ意志をもって相手の想いなどに心から応えることについてのフッサールの思索に通じるものがあるからである。

経験的にも、幼児とおとなが一緒に何かをしている時には、おとなは、子どもが話したことをたんに理解し、子どもの想い通りのことをしてあげるだけではなく、その時の子どもの想いをおとなが請け負うことによって、子どもは、はじめにいだいていた想いをより満足のいくような仕方で実現することが多い。例えば外食の時に、両者が違うものを注文したのに、子どもがおとなの注文したメニューも食べたくなったことを伝えたため、それぞれが注文したメニューを二人で分け合う、ということが親子のあいだではしばしば生じる。この時には、親の注文したメニューを食べたくなったという子どもの想いを受け入れるだけではなく、子どもの注文したメニューをおとなと分け合って食べることによって、注文時の子どもの想いをおとなが請け負うことになるため、子どもの想いもより一層満足したものになるはずである。そして、こうした仕方で共に存在し合うことは、とくに幼児が自分の願いをおとなに伝える時には、家庭でも、また園でも、日常的にしばしば生じているのである。

とくに、教育実習生として保育所や幼稚園の子どもと、あるいは、親戚の子どもと遊んでいるときの学生に対しては、多くの場合子どもの方が遊びなどをリードする立場にあることが多い。そのため、こうした時の学生の意識が、ほんのわずかでも子どもの想いを請け負うことができなくなると、子どもはそのことを態度や言葉で素直に表わしてしまうということも、やはりよく知られた経験知である。

•心から応えること

以上のことからすると、幼児とおとなとのあいだで、お互いに他方の願いや想いを肯定的に受け入れ合うだけではなく、いずれもが本当に自分の意志に基づいて、それらを請け負い合うことが、この時期の子どもとの関係においておとなに求められることになる。まさにフッサールのいうように、この時には、他者の願いへの私の「肯定的な意志によって、さらには、〔他者の願いを〕実現してあげながら、……〔その願いに〕心から応える」(Husserl, 1952, S. 485) ことが、顕在的に生じていることになる。こうした仕方でおとなが子どもの意志を肯定的に受け入れるためには、子どもの意志をもおとな自身の意志として、子どもの願いや想いなどを積極的に自分でも求めることが必要になる。と同時に、そうすることによって、子どもの方も、おとなの想いや願いなどを子ども自身の意志として肯定的に受け入れることがより容易になるはずである。こうしたことが両者のあいだで生じている時には、子ども自身の存在がおとなによって肯定的に肯われると同時に、おとなの存在も子どもによって肯定的に肯われることになる。すなわち、子どもが「話していることを理解しながらその話の内容へと入りこむこと」(ebd.) が、子どもに対して心から応えることにもなるのである。

それどころか、こうした仕方で心から応えることは、たんに子どもが肯われるだけではなく、本章の最後で探るように、子どもの社会性を育むことにもつながっているのである。

•共に意志すること

先に述べたように、子どもとおとながお互いに他方の意志を肯定的に共に意志し合っている時には、おとなは子どもの想いや願いなどを請け負いながらそれを受け入れることが生じている。子どもとおとなが一緒に作業をしている時には、例えば、両者が協力し合って砂場で山を作っている時には、一方が砂を高く積みあげ、他方がそれを自分の手でたたいて固めたりすることによって、子どももおとなも、他方の意志を肯定的に共に意志し合うことになる。すなわち、自分の身体の動きを他方の身体の動きに調整し合うという仕方で、両者は他方の活動をおぎない合っていることになる。あるいは、遊具を二人で片づけている時には、袋に遊具を入れてほしいという親の意志を子どもが請け負うことと、遊具を入れやすいように袋を広げてほしいという子どもの意志を親が請け負うこととが生じていることになる。その結果、一方が袋を広げ、他方がそれに遊具を入れることによって、両者の活動は、お互いに調整し合うという仕方で、おぎない合っている、といえる。

このように、私と他者がそれぞれ自分の意志でもって、共通の目的に向かって相互におぎない合いながら共同作業をしている時には、作業の「目的は、我々二人にとって共同の目的となっている」(Husserl, 1952, S. 511)。そのため、両者が共同の目的へと向かっているということには、フッサールのいうように、「我々のそれぞれが、同時に、しかも、お互いに〔他方に〕対応し合いながら、我々のあいだの結びつきを、場合によっては、人格的な〔＝個性に応じて独立している人間同士の〕結びつき合いそのものを意志していることが暗に含まれている」(ebd.) のである。というのも、例えば先のお片づけの場合で述べれば、おとなが袋を広げて差しだす時の身体の動きと、子どもがそれに遊具を入れるための身体の動きとが、相互に相手の身体の動きに調整されるような仕方で、お互いにおぎない合っている時には、お片づけのような共同作業は、両者にとって同じ一つの作業となっているだけではなく、さらに次のことも生じているからである。

この場合にかぎらず、作業そのものを手際よく終わらせるためには、子どもと一緒に作業するよりも、おとなが一人で作業した方がより容易になることの方が多い。それゆえ、子どもと一緒に作業することは、たんに作業をよりスムーズに、しかもより迅速に行なうことをめざしているのではない。そうではなく、あえて功利性を無視してまで、すなわちおとなが一人でさっさと作業することをあきらめてまで、子どもと一緒に楽しく作業するためには、一緒に作業すること自体を二人にとっての共同の目的としなければならない。すなわち、おとなは子どものいくぶんぎこちない身体の使い方に自分の身体の動きを対応させるような仕方で、また子どもの方でも、自分一人で作業するさいには求められることのない自分の身体活動の能力をいくぶんかは超えるような仕方で、相互に自分の身体活動を他方の身体活動にあえて対応させなければならない。その結果、二人で楽しく作業ができた時には、他方の意志を自分の意志とすることによって、自分の個別的な人格を超えた、この場合は、それぞれに固有の作業能力を備えている個性を超えた人格的な結びつき合いをもお互いに意志し合っていることになるのである。

フッサールは、こうした時の二人の人間のあり方を「共に意志すること」(a.a.O., S. 513) と呼んでいる。共に意志することとは、他者がこれからしようと意志している「行為が私のなかに入りこみ、私は、それに共感するがままに、共に意志し、共に感じられるようにと、共に欲求したり、共に意志したりする」(ebd.) ことである。こうしたことが二人の人間のあいだで生じている時には、一方が他方の想いを感じながら他方の想いを一方的に実現しようとしているのではない。そうではなく、両者は共に意志し合いながら、他方の想いや願いなどをお互いに「分かち合う」(ebd.) ことをしているのである。それゆえ、こうした共に意志することは、共同の目的へと向かってお互いに意志をもって他方の想いに共感し合っていることにもなるため、フッサールがいうところの、「意志の共感」(ebd.) ともなっている、といえる。それゆえフッサールは、こうした事態を「共に感じること」(ebd.) ともいいかえている。すなわち、共に感じることによって、私は、他者と共に生きることができるようにと、「他者の〔意志の〕なかに沈潜する」(ebd.) のであり、私と他者は、それぞれ別々に、ただ同じことを意志したり、感じたりしているのではないのである。

フッサールによる以上の記述に基づけば、他者と共に意志することや、共同の目的へと向かって共同作業をすることに関し、さらに次のことが導かれる。

他者と共に意志することは、他者と共に生きながら、他者の意志や想いのなかに沈潜することによって、他者と共に感じることにもなっている以上、共に意志することは、第三者の立場から他者の感情などをとらえることと異なるだけではない。他者と同じ感情や気分になることが他者に同情することでもある、という常識的な見解を超えて、共に意志することは、他者と共に感じながら、他者と共に共同の目的へと向けられて共に作業している時の人間のあり方でもあることになる。それゆえ、幼児の想いや願いなどに心から応えながら、子どもと一緒に何らかの作業をするためには、おとなが、子どもの感情や気持ちを理解したり、子どもと同じ感情になるという仕方で同情することだけでは、不十分になる。さらに求められるのは、子どもの意志をおとなの意志とすることによって、子どもと共同の目的へとおとな自身が向けられていなければならない。すなわち、子どもが何らかの目的を達成できるようにと、子どもに関わるのではなく、子どもの意志に共感しながら、子どもと一緒にその目的を追求することがおとなにも求められるのである。

経験的にも、例えばグローブを使って硬球や軟球でキャッチボールのできるおとなが、子どもとゴムボールを使って素手でキャッチボールをする時のように、おとなにとってはあまりにも単純な作業であり、自分の能力を十分に発揮できないため、自分一人で行なったならば決して楽しくない作業であっても、子どもと一緒にその作業をすることを子どもと共に意志する時には、おとなも楽しい気分になれる。というのは、自分も子どもの想いのなかに沈潜することによって、子どもと共に感じるようになるからである。すなわち、いわゆる《子ども心に返る》からである。あるいは、先に述べた折り紙の場合のように、苦労しながら折り紙を完成させようとしている子どもと共におとなも苦労しながら共同して折り紙を完成させようとする場合にも、同様のことが生じているはずである。

しかし、フッサールに導かれて探った共に意志することからは、幼児教育においておとなに求められる以上で述べたようなあり方だけが明らかになるだけではない。さらには、子どもの他者関係の特徴とみなされている、他者に《なりきる》ということについて、通常考えられていることとは異なる解釈が導かれることになるのである。

•物語の登場人物と共に意志すること

とくに幼稚園や保育所といった多数の幼児が集まっている場で、子どもたちに絵本を読み聞かせたり、紙芝居や人形劇を見せたり、劇を演じたりすると、子どもたちは、夢中になってそれを見ているだけではない。さらには、あたかも登場人物に《なりきる》、と通常言われているような振る舞いをすることが非常に多い。例えば主人公が危険な状況に陥りそうになると、「危ない！」といった叫び声が多くの子どもたちから一斉に発せられる。悪者が隠れて待ち伏せしている所に主人公が近づいていくと、「〇〇の後ろ〔に悪者が隠れている〕！」と叫んで、その場所を主人公に教えようとする。主人公が危険なことをしようとすると、あるいは、悪者が主人公に危害を加えそうになると、「ダメ！」と叫んでしまう。

多数の幼児が集まっている場で非常にしばしば生じる子どもたちのこうしたあり方については、幼児は容易に物語の登場人物に《なりきる》、という説明がなされることが多い。しかし、登場人物になりきるということは、役者が演じられている人物になりきるとか、幼児の場合では、第9章で詳しく探るように、例えばママゴト遊びで母親になりきる、といった使われ方から明らかとなるように、本来は、役者やオママゴトをしている幼児が登場人物のおかれている状況を、あたかも自分自身で生きているように振る舞うことである。

他方、先に例示した時の子どもたちは、彼らの前で演じられている物語の状況を自分自身で、あたかもという仕方で生きているのではない。すなわち、その状況のなかで自分の身体を実際に使って活動しているのではない。子どもたちは、あくまでも観客の立場をとり続けている。しかしだからといって、彼らは、おとなや小学校以降の子どもたちが物語の成り行きに引きこまれている時とも異なり、たんにストーリーを楽しんだり、話の成り行きを見守っているのでもない。こうした時の幼児の先に述べたような振る舞いや叫び声からすると、通常はそう思われているような仕方で、いわゆる登場人物になりきって、登場人物の想いを感じながら、その想いを自分で実現しようとする、といったことが子どもたちに生じているのではないことがわかる。こうしたことは、第9章で探るように、オママゴトのようなゴッコ遊びにおいては生じているであろう。

他方、先の例で典型的なように、登場人物にこれから起こりそうな状況を見通した言葉を発していることからすると、子どもたちは、登場人物の目的を、自分たちにとっての目的としている、ということがわかる。すると子どもたちは、何らかの目的へと向かっている登場人物がおかれている状況のなかに沈潜することにより、登場人物の想いや願いなどを登場人物と分かち合っている、と考えられる。すなわち、登場人物と共同の目的へと向かって、登場人物と共に生き、共に感じるという、まさにフッサールがいうところの、共に意志することが子どもたちに生じている、と考えられるのである。また、そう考えられるからこそ、こうした時の幼児のあり方は、いとも簡単に登場人物になりきってしまうという、この時期の幼児のいわゆる《単純さ》ではなく、おとなには非常に困難になっているところの、他者に心から応えることや、他者と共に意志することのできる彼らの感受性の豊かさが明らかになるのである。

しかも、幼児の感受性のこうした豊かさは、先に述べた物語の登場人物と共に意志する場合だけではなく、現実的な日常生活においてもしばしば発揮されているのである。

・現実の他者と共に意志すること

現実の日常生活のなかで他者と共に意志することが幼児の場合に典型的となるのは、小学校の児童や中学校や高等学校の生徒やおとなと比べ、たしかにその時々の状況や幼児の状態などによる違いはあるが、幼児がしばしば自分からおとなや他の子どもの手伝いをしたがる時である。例えば、幼稚園や保育所では、少なくとも筆者の経験からすると、その場に慣れていない見学者などに対して、「僕が教えてあげる」と声をかけてくれる子どもがかなりいる。また、その場に慣れていない教育実習生に対して、「こうするんだよ」と言って、適切な活動の仕方を子どもの方から教えてくれることもかなりある。また、頼まれなくても、子どもの方から様々な仕方で自主的に担任の保育者や教育実習生を手伝ってくれることも、日常的によくみられる。しかもこうした時の子どもは、生き生きとしていることがほとんどである。

たしかにこうした時には、おとなから「ありがとう」といった言葉をかけてくれたり、「かっこいいね」と言ってくれることが、動機となっていることは否めないであろう。しかし、おとなにとってそうした手伝いがかなり適切なものであることが多いことからすれば、こうした時の子どものあり方は、おとなに褒められるという、いわゆる外的動機づけだけには還元されえないはずである。すでに探ったところの、物語の登場人物と共に意志するさいの子どもの感受性の豊かさからしても、他者への手伝いにおける幼児の次のような、自分の意志に基づいたあり方がみえてくるのではないだろうか。

幼児が、おとなから褒められたり、うながされたり、強制されたり、といった外的動機づけによってではなく、自分から積極的におとなの手伝いをしているならば、その時の幼児には、フッサールのいうように、おとなである「私が、私のためにたてた目的と同じ目的を自分〔＝幼児〕にとっての目的とする」（Husserl, 1952, S. 511）、ということが生じているはずである。例えば、必要な物がおいてある場所にそれを取りに行くというおとなの目的と同じ目的を子ども自身の目的とする、ということが生じているはずである。しかもその目的をおとなと共に意志するならば、子どもは、おとなが感じているように自分も感じながら、おとなの目的を請け負ってくれることになる。しかもそうした時には、多くの場合、「とくに意志をもって決定することや、目的を考え抜くことなしに、〔共に感じるという意味での〕共感を介して」（ebd.）、おとなと人格的な結びつき合いをもちたい、という想いが子どもの意識に生じているはずである。

こうしたことが子どもに生じているならば、その時には、おとなの目的も子どもによって肯定的に受け入れられるだけではなく、子ども自身の意志でおとなの目的を、おとなに代わって請け負ってくれているかぎり、おとなの目的を自分の目的にするようにと「動機づけをする」（ebd.）ことが、子ども自身の内面で生じていることにもなる。

同様のことは、子どもが自分に対するおとなからのしつけを積極的に受け入れようとする場合にも、生じているはずである。例えば、おとなが子どもへの働きかけや言葉かけを工夫することによって、結果として子どもがしつけにともなうおとなの願いを肯定的に受け入れる時には、しつけられていることを実現することへと子ども自身が内的に動機づけられていることになる。園でよくみられることであるが、嫌いなものを食べようとしない子どもに対して、例えば、「ニンジン食べないと、ニンジンさんが悲しがるよ」とか、「一口でも食べれたら、○○クンかっこいいよ」といった語りかけによって、あるいは、その子どもの前でおとながそれをおいしそうに食べることなどによって、子どもが嫌いな食べ物を積極的に食べることがある。こうした時には、子どもが自分の意志でもっておとなの願いを肯定的に受け入れていることになる。つまり、子どもは、おとなの願いを子ども自身の意志として共に生きていることに、それゆえフッサールのいうところの、共に感じることをともなった共に意志することをしている、ということになるはずである。

・他者にとっての私

それどころか本章ですでに探ったように（本書一〇九頁）、三歳ころに自我が確立する以前には、サリヴァンがいうところの感情の絆に基づき、幼児は他者の感情を取りこむのであった。こうした感情移入が豊かな時期には、おとなが子どもの願いに心から応えることによって、彼らの意識はさらに豊かにおぎなわれることになる。とくに、おとなからの「○○ちゃんは、××をしたかったんだよね」といった語りかけによって、たとえ子ども自身が《××をしたかった》ということを明確に意識していなかった場合でも、子どもは、「自分にとってのあり方のままで、他者に認められていることを知る」（Waldenfels, S. 305）ことにさえなる。園において遊具の取り合いで子ども同士のあいだでケンカが生じた時に保育者がしばしば発する、例えば、「○○ちゃんは、本当はこのおもちゃで遊びたかっただけなんだよね」といった語りかけは、他の子どもから遊具を奪ってしまった子どもの行為が、他の子どもへの想い遣りのなさからではなく、自分がその遊具で遊びたかったから生じただけの行為であったことへと、子どもを導いてくれる。

幼児の場合、おとなの言葉により、自分の行為がその言葉によって記述されるような行為へと容易に移行するのは、彼らが他者の感情をおとなよりもかなり豊かな仕方で取りこむという、自我の確立以前における他者とお互いに融け合っている状態のおかげであることは、ここまで探ってきたことから次のようにいいかえられる。すなわち、こうした移行が生じる時、幼児はおとなの言葉に含まれている自分に対するおとなの願いを感情移入を介して自分のなかへと受け入れることによって、言葉をかけられる以前とは異なるあり方をおとなと共に意志することが、かなり容易になるのである、と。

しかしここでさらに探りたいのは、他者と共に意志することによって幼児の社会性が育まれる、ということである。

・個別的な人格を超える意識としての社会性

子どもとおとなとのあいだでなされる伝達は、たんにお互いの気持ちや意向や意志を伝え合ったり、共同作業を展開させてくれるだけではない。子どもは、おとなの意志を受け入れることにより、以下で探るような仕方で、多くの他者との関係を築くための基盤を育んでいくのである。

すでに本章で探ったように〔本書一二四頁以下〕、伝達においては、他者のなかで生じていることと同じことを私の生のなかで活気をおびてくるものとすることによって、生き生きとした関係が展開していくのであった。そのうえで、他者の意志を共に意志することが生じると、子どもとおとなの対話や両者の行為は、他方の意識内容と同一なものをお互いに自分の意識のなかへと受け入れる、ということにいたる。例えば親と一緒に食事をすることにより、味が共有されるだけではなく、食べ物を一緒に味わっているという両者の行為も共有される。

すると、この時には、フッサールのいうように、「私がしていることは、他者がしている私とは異なることを私自身のなかに包みこむことになるし、また〔逆に〕、他者がしている私とは異なることに〔私のしていることが〕包みこまれることになる」(Husserl, 1921, S. 18)、ということが生じる。このことによって、それまではお互いにおぎない合う呼応を介して他方の行為をお互いに豊かに引き受け合っていた状態から、それを超えて、お互いに相手を「包みこむ〔他者〕理解」(a.a.O., S. 17) が二人のあいだで生じ、他者関係がさらに深まることになる。その結果、子どもとおとなとが共に楽しく作業したり活動することによって形成される人格的な結びつき合いは、二人のあいだの結びつき合いとなるだけではなく、そうした仕方で結びつけられている二人の「人格的な意識は、……相手の個別的な意識と一体となり、〔個別的な〕人格を超えた意識の統一が成りたつ」(ebd.) ことになる。そして、こうした意識の統一こそが、子どもの社会性を、以下で探るような仕方で、豊かに育むことになるのである。

ある特定の個性を備えたそれぞれ異なる人格である子どもとおとなとのあいだで生じる共に意志することにおいては、例えば先に述べた二人で楽しくお片づけをしている場合が典型的であるように、両者のあり方は、たとえお互いに豊かにおぎない合っていたとしても、それぞれは別の人格を備えた者として他者に関わり合っているだけでしかない。このかぎりでは、いずれか一方が一人でお片づけをしているときに可能となるような成果以上のものには達しえない。つまり、子どもとおとなが一緒になって行なわれている時のお片づけの仕方は、例えばおとなのお片づけの能力以上の手際の良さや手際の速さ以上のものにはなりえない。

しかし、他者を包みこむ他者理解が可能となり、両者のそれぞれの個別的な人格を超えた意識の統一が成り立つと、一人ではいたることのなかった成果が容易にもたらされることが、子どもとおとなとのあいだではしばしば生じる。とくに幼稚園や保育所では、子どもが、おとなの発想からは理解できないような絵を描いたり、作品を制作することがある。例えば、何らかの作品を作ろうとしている子どもが、ある作業過程でおとなからみると手先の不器用さからハサミで切ってはいけない箇所にハサミを入れてしまったにもかかわらず、何とかしてその失敗を取り戻そうとしている子どもに、「その後どうするの?」と問いかけると、おとなには思いもかけない仕方で次の作業を子ども自身がみつける、ということがよくある。そうした時におとなが、その子どもの想いを包みこみながら理解することによって、「そうするんだったら、○○をしたら」といった具体的な作業の方法を示すと、その子どもは生き生きとその作業に取りかかることが、幼児の場合にはそれこそ日常的に生じている。こうした時には、おとなにはない発想を子どもが発見し、その発見を包みこんだ次の可能性をおとながみつけ、今度はおとながみつけた可能性を包みこんだ作業を子どもが実現するという仕方で、二人は共同して作業を豊かに展開していくことになる。こうした場合には、おとな一人では思い浮かばなかった子どもの発想を、おとなが包みこむような仕方で理解しながら、子ども一人ではみつけられなかった手順をおとなが示すことによって、作品が完成にいたることになる。するとこの時には、おとなとは異なった仕方でみつけだされた子どもの発想がおとなに包みこまれると共に、おとなによって示された子どものそれまでの手順とは異なる手順が子どもに包みこまれる、ということが生じていることになる。その結果、子どももおとなも、自分一人ではもたらすことのできない成果を相手の作業を包みこむような二人の共同作業によって現実のものとすることになる。この時には、先に引用したフッサールの言葉にあるように、子どももおとなも、他方がしたことを自分がすることに包みこみながら、それぞれにとって個別的な人格を超えた意識の統一にいたることになるのである。

しかも、こうした仕方で幼児とおとなとが共に存在し合うことは、たんに両者の意志や感情におけるおぎない合う呼応にとどまることなく、さらには、両者の世界の重なり合いへと展開していく場合がある。例えば、先に述べた食事の誘いの言葉かけにおいては、他者のなかで起こっているものと、私の生のなかで活気をおびてくるものという二つの事態が、私の意識に生じるのであった（本書一二五頁以下）。しかしこの時に、私と他者とがお互いに共に存在し合っていると、他者のなかで起こっているものと、新たに私の生のなかで活気をおびてくるものとが重なり合うことになる。すなわち、親による食事の準備とそれに基づく食事への誘いを介して、子どものなかに食事への想いが活気をおびてくることにより、両者はこれから一緒に食事をするという状況を共に集中して楽しく生きることになる。すると、これからすることになる食事の世界は、親によるそれまで食事の準備をしていた時の世界や、それまでテレビを見ていた子どもの世界が、それぞれ一人で生きられていた時とは異なり、二人で作り出されることになり、両者はこの世界を他方と共に生きることになる。先に述べたように、この時には、味が共有されるだけではなく、一緒に食事をしているという両者の行為も共有されることによって、両者の世界が重なり合うことにもなる。このようにして、フッサールのいうように、それまでは「私と他者にとって〔別々に〕通用していた世界に志向的な重なり合い」(Husserl, 1952, S. 486) が生じることにより、私と他者とは同じ一つの世界を現実に共に生き続けることになるのである。

こうした仕方での個別的な人格を超えた意識の統一を介して、フッサールのいうように、「コミュニケーションによって結びつけられた〔個別的な人格を超えた〕複数の人格の統一〔〔=人格の複合態〕〕」(Husserl, 1921, S. 20f.) が形成される。そうである以上、親や保育者とのあいだで個別的な人格を超えた意識の統一が形成されることにより、多くの他者とのあいだで成りたつ複数の人格の統一が、すなわち社会性が子ども自身の意識のなかで形成されるための準備が育まれたことになる。また、このことと同時に、私と他者の世界が顕在的にも重なり合いながら展開していくことと同様の仕方で、子どもは多くの他者と共通の世界を生きられるようになり、社会性を豊かに育むようになっていくのであろう。(3)(4)

以上本章では、自我が確立する以前の子どもの他者関係の特質を他者とお互いに融け合っている状態としてとらえてきた先行研究が、この状態を自他の感情的一体感と解釈していることの問題点を指摘し、実はこの状態は、子どもとおとながお互いにおぎない合いながら呼応し合っていることである、ということを明らかにした。そのうえで、おぎない合う呼応の内実を明らかにすることを介して、子どもとおとなが共に存在し合っている時の子どもの感受性の豊かさが、他者の意志を共に意志する場合に典型的に顕在化されることを具体的に示してきた。その結果、子どもの社会性がどのように育まれるかが明らかとなった。

こうした仕方で子どもによって生きられる他者関係は、家庭においても園においても何ら違いはなく、彼らの他者関係のすべてにおいて生じている。しかし、第4章で探ったように、家庭と園とでは、子どもに対するおとなの働きかけは異なった意味を備えているのであった。すると、こうした違いは、それぞれの場での子どもの他者関係の違いともなっているはずである。そこで次章では、第4章とは逆に、主として園という保育所や幼稚園の側から、それぞれの場における子どもの他者関係の特質について探ることにしたい。

（1）本章第1節では、中田（二〇一一b）の一部を、本書の趣旨に合わせて修正・補足しながら使うことにする。

（2）この点に関し、フッサールは、一方では、現象学の方法論に忠実であろうとするため、現実の子どもではなく、現象学の立場から想定されるだけでしかない子どもを《原《げん》子ども》と呼び、それが後に自我と親とに分離するとみなしていることから、フッサールにおいても、自他の融け合いが生得的であることが窺える。しかし他方でフッサールは、本章で後で探ることになるような（本書一四六頁）、他者との潜在的な融け合いの一つのあり方である複数の人格の統一は、他者との現実的な関係によって形成されるとみなしていることからすると、自他の融け合いが後天的であることになってしまう。この点に関し、メルロ－ポンティは、後で共に探ることになる「前交流」といった言葉からすると（本書一一四頁以下）、シェーラーと同様、生得的な立場をとっている、と考えられる。なお、この点に関するさらにいくぶんたち入った考察については、中田（二〇一一b）第四章補論を参照。

（3）このことについては、第7章で園における空間について探るさいに具体的に述べられる。

（4）この点に関する本文の記述は、フッサールの引用文をいくぶん逸脱しているかもしれない。しかし、こうした逸脱をしないかぎり、本書の課題から大きく外れるためにここで取りあげることはできないが、超越論的な次元での自他の共在を他者経験や客観的世界の構成のための前提とみなすフッサール現象学と、本文で引用したような、現実にお互いが共に存在し合うことや、他者と共に意志することによって、私と他者との個別的な人格を超えた意識の統一や世界の重なり合いといった事態が生じるという記述とは、基礎づけ連関に関し、逆転があることになってしまう。そのため、ここにおいても、後に親と分離される、とされている《原子ども》に関するフッサールの思索の曖昧さが明らかになる。

第6章

園における乳幼児のあり方

前章で探ったように、子どもは、おとなとの他者関係を介して、自分だけに固有の個別的な人格を超えた複数の人格の統一を他者とのあいだで形成しながら、他者と共通の世界を経験できるようになっていく。さらに子どもは、幼稚園や保育所といった園において、多くの他の子どもたちや保育者とも親密な他者関係を育んでいくことにより、社会性を身に着けていく。しかも、第4章で家庭における教育について探ったさいに、それと対比的にというかぎられた観点からでしかなかったが、家庭とは異なり、園においては、子どもを教育するという意図をともなったおとなからの働きかけを受けることになるのであった。

では、家庭とは異なり、多くの他の子どもたちと共に、明確な教育目標をともなった働きかけを受ける子どもにとって、園という場はどのように経験されているのであろうか。本章ではこの問いに答えるため、まず第1節で、子どもにとって園はどのような場として経験されているのかを、家庭と園における子どものあり方の違いという観点から、探ることにする。そのうえで第2節で、園という場では、子どもはみんなのなかの一人の子どもとして存在していることを、他者経験に関するフッサール現象学の問題点を克服するために、他者のなかの一人の他者となることについて思索しているトイニッセン（一九三二－　）を導きとして、《みんなのなかの一人の子ども》として存在している子どものあり方を探る。そのうえで、園という場においては、子どもの私物を含めた様々な遊具や物や設備とそれらの使い方も、みんなのなかの一つとなっていることについて探ることにしたい。

第1節　家庭における教育と園における教育との違い

子どもは、幼稚園や保育所といった多くの子どもたちが活動している場に参加することによって、集団の一員として活動できるようになることを求められる。このことは、家庭においてとは異なるあり方が子どもに要求されることを意味している。この違いの子どもにとっての意味を際立たせるためには、まず家庭における子どもとおとなとの関係について考察しておくことが手がかりになるはずである。

・家庭における乳幼児とおとなとの関係

家庭での教育における子どものあり方を探るためには、通常思われているのとは異なり、親をはじめとする家族と子どもとの関係が、おとなの側からの子どもに対する一方的な働きかけによって、すなわちおとなによる一方的な子育てによって成りたっているのではない、ということを示すことが必要になる。というのは、このことが明らかとなって初めて、家庭での教育と園での教育における子どものあり方の違いが明らかになるからである。

家庭における子育ては、一見すると、子どもが身体活動や思考方法を十分に身に着けていないため、おとなの側からの一方的な働きかけによって成りたっているように思われるかもしれない。しかしすでに第4章で詳しく探ったように、家庭では、現実的で具体的な日常生活が営まれているため、実はそうではないのであった。親からの働きかけは、子どものそのつどの状態や意志などによっておぎなわれるような仕方で、子どもに受け入れられているのであった。すなわち、家庭における子育ては、おとなと子どもとのあいだで、相互におぎない合ったり、子どもや親の側からの抵抗によって、おぎない合いが阻止されたりする。そうである以上、家庭における家族関係は、親の側からの一方的な主導性によって成りたっているのではないことになる。

たしかに、具体的な個々の場面における親の働きかけは、親の子育て観などに応じて、直接規定されているし、間接的には、親が属する文化や環境や習慣によっても影響を受けている。そのため、親の側からの働きかけが子どもの活動に対して大きな影響を与えていることは、否定できない。しかし、親の働きかけは、あくまでも、子どものそのつどの状態や子どもの側からの主体的な意志や願いや気分や感情などによって、そのつど様々な仕方で受け入れられたり、拒否されるという仕方で、親子間の関係が展開されている。そのさい、たしかに、親の側からの働きかけは、子育ての方針として、親自身によって明確に意図されていたり、時には、「ママはそういうことをしてほしくないの」といった言葉で、子どもに明示されることもあろう。しかし両者にとって明示されることなく親子のあいだのおぎない合う呼応が展開していくことの方がはるかに多い。また、そうであるからこそ、第4章ですでに探ったように、家庭においては、子どもを教育しているという明確な意図のないまま、子どもへの教育がなされるのであった。

こうしたことからすれば、家庭においては、明示されたものであろうとも、暗黙のものであろうとも、親の側からの働きかけが子どもの成長に大きな影響を与えていることは疑いえない。しかしだからといって、個々の具体的な場面での親の働きかけは、あくまでも子どものそのつどの対応によって相互におぎない合うことなしには、子どもに受け入れられない。そのため、いわゆる《子どもに振り回される》といった事態が時には生じる。しかし、そこまでにいたることがなくても、親の一方的な働きかけによる子育ては、家庭においてはそれほどしばしば生じているのではない。そのため、たしかに家庭における親からの影響は、他との比較すらできないほど非常に大きいにもかかわらず、親の主導性自体は、一般にそう思われているほどには、さほど大きくないことになる。以下で詳しく探ることになる園での教育における集団活動の場合と比べれば、通常は、子どもが中心となった家庭環境が整えられている、といえる。

他方、幼稚園や保育所といった場で、集団活動をせざるをえなくなった子どもは、先に述べたような家庭における他者関係から、以下で探るようなまったく新たな他者関係へと移行せざるをえなくなるのである。

・園における乳幼児の他者関係

園という意図的な教育の場に初めて参加することによって子どもがまず体験するのは、子どもにとっての空間の現われとその意味の変化である。しかし、このことについては、次章で探ることにし、本章では、子どもにとっての他者関係が質的に大きく変化してしまうことについて探りたい。

園という場に初めて参加する子どもは、彼らにとって大きな意味をもっていた家族とのあいだのおぎない合う呼応から切り離されることになる。すなわち子どもは、幼稚園や保育所の先生という、それまではまったく未知であったおとなと関わりながら、活動しなくてはならなくなる。しかも、先生と呼ばれるこうしたおとなは、それまでの家族とは異なった仕方で、そこでの生活に適した活動をすることを子どもに求める。まずなによりも子どもは、園での時間の流れのなかで活動しなければならなくなる。多くの場合、家庭よりも広い空間で、自分の属する部屋で多くの時間を過ごしたり、他の子どもたちも使っているトイレで排泄をしたり、園庭で他の子どもたちと遊んだりしなければならなくなる。このように、園という場に初めて参加した子どもは、そこですでに習慣化されている時間の流れやそれぞれの場所に適した活動を身に着けなければならなくなる。しかもそれらの多くは、家庭では求められていなかったものである。というのは、家庭では、いわゆる《もの心》が着くまでに、親や子どもにとって意識されることなく、家庭における時間の流れやそれぞれの場所に適した活動を、ごく自然な仕方で子どもが身に着けてきたからである。

他方、園という場では、そこでの時間の流れやそれぞれの場所に適した活動を身に着けるまで、明確な意図のともなった働きかけがなされる。おとなから、例えば「これからは○○の時間だよ」とか、「ここでは○○をするよ」といった言葉でもって、子どもは、はっきりと意識しながら、園での時間の流れと各場所に適した活動をすることが求められる。それゆえ、子どもにとってのおとなの存在は非常に大きなものとならざるをえない。というのも、家庭では、すでに探ったように、子どもは、教育されているという意識のないまま、自分の家庭で家族と共にそこでの振る舞いや生活習慣を身に着けていったのに対し、園では、おとなによって明確な意図をもって適切とされる活動を身に着けなければならないからである。家庭では、子どもが誕生することによって、とくに第一子の場合に典型的なように、その家庭における家族の生活のリズムや生活の仕方などは、子どもを含めた家族の全員によって、まさに手探りの状態から、その家族にとって独特のものとして、少しずつ築きあげられる。他方、園という場においては、そこで適切に活動するために子どもに求められることは、すでにできあがっているものとなっており、子どもはそこでの習慣や明確な教育目標にしたがって活動しなければならないのである。

こうしたことから、園という場でなされるおとなからの働きかけは、家庭よりもかなり明確な意図をともなって、子どもの活動を強く規定することになる。例えば、どれほど遊びに夢中になっていたとしても、昼食の時間になれば、お片づけをしなければならないのであり、保育所では、午後になると、お昼寝の時間になるし、その後はおやつの時間になる、という生活のリズムにしたがった活動を身に着けるための働きかけがおとなからなされる。それゆえ、たとえどれほど自由保育を重んじる幼稚園であろうとも、子どもは、こうした生活のリズムや時間の流れとそれぞれの場所に適した活動に慣れなければならないだけではなく、自主的にそうした活動ができなければならなくなるのである。

以上のことからすれば、家庭におけるおとなからの働きかけよりも、園におけるおとなの働きかけの方が、子どもにとって、より強いものとなるだけではない。さらには、より一貫性を備えたものになる。例えば、家庭では、親のそのつどの都合や子どもの状態によって、お昼ご飯の時間をずらすことは比較的容易であるが、園での昼食の時間が担任や個々の子どもの状態によって変えられることはほとんどない。

もちろん、こうした仕方での子どもに対する働きかけは、いわゆる強制的に子どもに押しつけられることは、通常、かなりまれであり、子ども自身が納得するような仕方でなされることがほとんどである。例えば、「早くお片づけしないと、みんなと一緒にご飯を食べられないよ」とか、「続きの遊び」は明日またやろうね」とか、「みんなが○○ちゃんを待っているよ」とか、「お片づけしてくれたら、先生とてもうれしいな」といった言葉かけをともなった、子ども自身の気持ちを大事にした働きかけがなされる。また、そうすることの子どもにとっての意味を明確にしながら働きかけがなされることも多い。

それゆえ、子どもがしなければならない活動の意味は、家庭と比べ、子どもにもより明確に伝えられることになる。子どもに対する働きかけのこうした明確化と一貫性により、先生と呼ばれるおとなの存在は、家庭におけるおとなよりも、結果として、かなり強い影響力をともなうものになるだけではない。子どもにとっては、顕在化されることなく暗黙のままにとどまっていても、絶対的なものとなる。たとえ一時的にはおとなの求めに応じることができない子どもであっても、長期的には、おとなが求める園という場での適切な活動を身に着けていかなければならないのである。

そうである以上、園におけるおとなの働きかけの一つひとつは、子どもの成長につながるものでなければならない。しかし、幼児教育においてこのこと以上に重要なことは、たとえ子どもの成長をめざした働きかけであっても、そのつどの働きかけは、以下で詳しく探るような意味で、子どものその時々のあり方に寄り添ったものでなければならない、ということである。というのも、先に述べたように、家庭から園という場への移行にさいし、子どもはおとなとのまったく新たな関係を築かなければならないため、入園当初は、とくに大きな不安を子どもに強いることにならざるをえないからである。経験的にも、初めて幼稚園の年少に入園した当初の子どもや、保育所に初めて通うことになった子どもが一日じゅう泣いている、といったことからも明らかとなるのは、彼らはそのさいにいわゆる母子分離によってだけではなく、以下で探るような他者関係における質的に大きな変化をも体験する、ということである。

第2節　園という場における《みんなのなかの一人の子ども》

では、家庭から園という場へと移行することにより、子どもが体験する他者関係の質的な変化とはどのようなものなのであろうか。この問いに答えるために、まずは、トイニッセンにおける《他者のなかの一人の他者となること》についての思索を追う。そのうえで、子どもが《みんなのなかの一人の子ども》となることの内実について探り、そのさいに体験せざるをえない子どもにとっての不条理を明らかにする。

• 《他者のなかの一人の他者となること》

園という場へと移行することは、子どもにとってそれまで慣れ親しまれており、しかもお互いにおぎない合う呼応によって大きな支障なく家族と共に生活していた家庭から離れることを意味する。しかも、それまではまったく知らなかったにもかかわらず、親よりもさらに明確な意図をもって関わってくる先生と呼ばれるおとなのもとで活動することは、子どもにとって新たな他者関係を築くことを意味するのであった。またそこでは、自分と同年齢の他の多くの子どもたちと一緒に活動することになる。それゆえ園で、子どもは、それまでとはまったく異なる経験をすることになる。すなわち、集団活動という形で他の多くの子どもたちと共に生活するため、個々の子どもは、他の多くの子どもたちのなかの一人として活動することを求められる。こうした時のあり方は、以下で詳しく探るように、トイニッセンによって、《他者のなかの一人の他者となること〔＝他者化〕》と呼ばれているあり方である。

トイニッセンがいうところの《他者のなかの一人の他者となること》とは、私にとって存在しているすべての物が他者にとっても存在している物体としてとらえることができる時の私の存在を表わす、トイニッセンの造語である。私にとって存在している世界内のすべての物は他者にとっても存在していることを、私が何らの思考を介することなく、その物を見るだけで確信できるのは、私にとってある特定の他者が現に私の前にいなくても、私は、自分の今いるここに存在しているだけではなく、潜在的には同時にいたるところにいるであろう他者のなかの一人として存在しているからである。トイニッセンの言葉を使えば、私にとっての世界内のすべての物が本当に存在していると確信できるためには、私は、「他者のなかの一人であると同時に、何らかの仕方ですべての他者でもあらねばならない」（Theunissen, S. 91）のである。

トイニッセンがいうところの《他者のなかの一人の他者となること》に関する先の引用文のなかの、《他者のなかの一人》ということは、園という場では個々の子どもが他の多くの子どもたちのなかの一人の子どもであることから、それどころか、我々おとなも多くの人間のなかの一人として存在せざるをえないという日常的な経験からも、その意味を理解することは、さほど困難ではないであろう。では、私が他者のなかの一人の《他者となる》ことや、何らかの仕方で《すべての他者》であらねばならないということは、我々のどのようなあり方を意味しているのであろうか。

まずは、後者のすべての他者であらねばならない、というあり方についての問いに答えたい。

トイニッセンのいうように、私が見ているすべての物は、私にとってだけではなく、たとえ今ここには存在していない多くの他者にとってもやはり存在している、ということを我々は素朴に確信している。そうである以上、ある物を見ている私は、現実に他者を直接経験していなくても、そうした多くの他者の経験を暗黙のうちに含んだ者として、その物を見ていることになるはずである。そうであるからこそ、私が一人である物を見ている場所に誰かある人が実際に現われると、私は、私が見ている物の外観などをその誰かに詳しく伝え、その誰かにとっても、私が見ている物と同じ物が見えているかどうかを逐一尋ねなくても、私とその誰かは、その物について同じ経験をしていることを私は一挙に確信でき、何の困難もなく、その人と共にその物に関わることができる。

こうしたことが日常生活において当たりまえのこととして生じているのは、私がその誰かに実際に出会う前に、私は一人でその物を見ながらも、潜在的には暗黙のうちに、その後に出会うであろう誰とでも、すなわちすべての人と共にその物を見ていたからである。こうした潜在的な仕方で私はすでにすべての他者であったことが、現実に誰かが私に出会われることによって、私自身に顕在化される、ということが生じる。また、こうした仕方で私が潜在的にはすべての他者となっているからこそ、実際に出会われた誰かにとっては、ある物の私には見えない他の側面がその誰かには見えていることも、何の思考や推測を介することなく、確信できる。こうしたことから、私が一人で見ているかどうかにかかわりなく、自分が見ている物が物体として本当に存在していることを、私は確信できるのである。このように、潜在的にはすべての他者であるような仕方で《他者のなかの一人となること》を介して、私は、ある物が本当に存在していることと、その物が他者にどのように現われているのかをとらえることができるのである。

以上のことが明らかになることによって、トイニッセンがいうところの、他者のなかの一人の《他者となる》、という時のあり方が次のような仕方で明らかとなる。

というのは、トイニッセンはさらに、私が他者のなかの一人となることによって、他者によって私がどのように思われているかを、すなわち、「私について他者の意識のなかでいだかれていること〔《=表象》〕へと感情移入」(a.a.O., S. 86) することを介して、他者にとっての私のあり方を私自身がとらえることができるようになる、ということを導きだすからである。すなわち、現実にはある特定の他者と共に存在していなくても、そもそも潜在的な仕方では暗黙のうちにすべての他者として存在しているからこそ、他者が現に私に関わってくると、その他者にとっては他者でしかない私がその他者にどのように思われているかが、私にとらえられるからである。

すると、他者にとっては他人でしかない私が他者にどのように思われているかを私自身がとらえることは、私が多くの他者のなかの一人であると同時に、他者にとっての《他者》としての私自身をも私が意識していることになる。このことにより、私は、私とは異なる他者にとっての私に固有のあり方を知ることになる。すなわち、多くの人間のなかの一人であると同時に、私自身を他者にとっての他者とすることによって、他者とは異なる人格を備えた者であることを、私は自覚することができる。他者が私をどのように意識しているかを私が知ることにより、私は私自身を他者にとって唯一無比の、すなわち個別的な人格を備えた人間とする〚＝人格化する〛と同時に、他者にとっては、多くの他の人間のなかの一人にすぎない者にしてしまう〚＝共同体化する〛のである。すなわち他者は、私を他者にとっての多くの他者のなかの一人の他者でもあるようにしてくれる。と同時に、いわば逆説的な仕方で、すべての他者とは異なる唯一無比の人間にしてくれるのも他者なのである。こうした仕方で私は、他者のなかの一人の他者となることによって、それぞれが個別的な人格を備えた「ある人格的な結びつき合い〔〚＝結合態〛〕の一員」となるのである（a.a.O., S. 91）。

以上のことからすると、トイニッセンの《他者のなかの一人の他者となること》という言葉との言葉に関する彼の記述は、まさに多数の子どもたちが活動している園という場へと移行した子どもの場合に生じていることに相当していることが明らかとなる。というのも、家庭では、たとえ兄弟や姉妹がいたとしても、個々の子どもは、それらのなかの一人ではなく、姉や兄であったり、弟や妹であったりするからである。そのため家庭においては、多くの子どもたちの、すなわちみんなのなかの一人の子どもであるというあり方では、トイニッセンがいうところの、潜在的には誰とも特定できない多くの他者のなかの一人の他者とはなっていないのである。

・みんなのなかの一人の子どもとなること

ところが、子どもが園という場へと移行し、そこで集団活動を営めるようになることは、トイニッセンの言葉を使えば、他の多くの子どもたちのなかの一人の子どもとして、すなわちみんなのなかの一人の子どもとして活動することを意味している。またそうなることにより、他の子どもたちとは異なる個々の子どもに固有の個別的な人格を備えたあり方をする、ということをも意味することになる。

このように、園においては、それぞれが自分に固有の個別的な人格を備えた多くの子どもたちとの人格的な結びつき合いの一員となるという仕方で、子どもはみんなのなかの一人の子どもとなる。そのため、保育所や幼稚園では、家庭よりも、おとなの働きかけに対してだけではなく、他の子どもたちとの結びつき合いに融けこんだ活動をしやすくなる。というのは、トイニッセンのいう意味でみんなのなかの一人の子どもとなれば、他の多くの子どもたちと同様の活動をしているかぎり、個々の子どもの活動は、子ども自身にとっては、自分にとってのみ通用しているのではなく、多くの子どものなかの一人の子どもの活動として、多くの子どもにとっても通用しているようなものとなるからである。

みんなのなかの一人の子どもとなっている時の子どものあり方は、教師にとって好ましいとみなされている子どもの活動を生みだしてくれるだけではなく、好ましくない活動を生みだすことにも影響を与える。例えば、周りの子どもたちが教師の話に注目しだすと、そうした注目は、園の約束事であるからという自覚なしに、みんなのなかの一人の子どもとなっているため、教師の話に注目している子どもたちに安心感を与えてくれる。その反対に、子どもたちが騒ぎだすと、教師にとって好ましくないにもかかわらず、子どもたちは安心して、みんなと一緒に騒ぎをさらに助長させることになる。というのも、個々の子どもにとっては、自分の活動は多くの子どもたちのなかの一人の子どもの活動となってしまい、このこと自体が子どもにとっては、自分の活動だけがその場で通用しているだけではなく、誰にとっても通用している活動でもあるという安心感を与えてくれるからである。そして、こうした安心感こそが、家庭では味わえない、みんなとの人格的な結びつき合いに融けこんでいる時に独特の安心感なのである。

もちろんこうした集団活動から外れる子どももいるが、園では、集団から外れていること自体が当の子どもにとって意識されてしまう。経験的にも、例えば、「そんなことしちゃいけないんだよ」といった、家庭においてはまれな発言が子ども同士のあいだでかなりしばしばなされることになるのも、同様のことからであろう。また、気分や感情がかなり高まらないかぎり、例えば、かなり強いしつけがなされたり、自分の思うように活動できないために気分をそこなうことがないかぎり、親よりも保育者の言うことに子どもたちが比較的容易にしたがうのは、他の子どもたちがそうしているから、すなわち子どもたちのそれぞれがみんなのなかの一人の子どもとなっているからである。

あるいは、他の子どもたちが教師の働きかけに適切に対応していることを目のあたりにすることによって、それまでは子どもにとって大きな影響を与えていた親からの承認や不承認に代わって、他の子どもたちの活動が、間接的な仕方で、自分の行為の承認や不承認に大きな影響を与えるようになる。例えば、「みんなはもう席に座ってるよ」という教師の語りかけ以前に、自分もそのなかの一人の子どもである他の子どもたちがすでに席に座っているからこそ、教師の語りかけによって、子どもはすぐに、多くの場合はあわてて、教師から求められている活動を容易に実現できるようになるのである。

子どもがこうしたことをできるようになることは、彼らが、フッサールがいうところの、「多くの人間のなかで個別的な人格を備えた人間」(Husserl, 1952, S. 510) となっていることを意味する。なぜならば、一方では、みんなのなかの一人の子どもとして活動することができると同時に、他方では、みんなにとって自分はどのような子どもとして意識されているかをとらえられるようになるからである。その結果、他の子どもたちは、「人格的な結びつき合い」によって形成される私(＝一人ひとりの子ども)の「仲間」となる (ebd.)。そして、このことこそが、個々の子どもを「社会的な」(ebd.) 人間に、すなわち、人格的な結びつき合いを備えた共同体の一員にしてくれるのである。

・みんなのなかの一人の子どもとなることにともなう不条理

しかし同時に他方で、みんなのなかの一人の子どもとなっているために味わわざるをえない不条理にも、子どもたちは遭遇することになる。

子どもがみんなのなかの一人の子どもとなることは、家庭においては自分を中心として振る舞える時とは異なり、他者にとっては自分は特別な存在ではない、ということを自覚させられることにもなる。そのため、特別な存在ではないことに抵抗するかのような、すなわち自分は他者からみても、とくに教師からみても特別な存在でありたいという願いを実現するかのような活動をあえてするようにもなる。例えば、本当にそうしたいからではなく、みんなのなかの一人の子どもであることが嫌なために、意図的にみんなとは違うことをする。教師の代わりに、みんなとは違うことをする子どもの活動をたしなめたり、批判する。なんでも一番になりたがる。わかっているのに教師に質問する。教師の後を追ったり、教師にまとわりつく。自分だけが教師と何らかの約束をする、などなど。子どものこうした活動は、みんなのなかの一人の子どもであることが嫌なため、他の子どもや、とくに教師にとって自分が特別な存在であることを示すためのものである場合がかなり多い、と考えられる。

すると、こうしたことをしている子どもは、一方では、みんなのなかの一人の子どもであることによって安心感をえていると同時に、他方では、みんなと違うことをすることによって、自分はみんなのなかの一人の子どもであることに抵抗する、という葛藤を生きることになる。すなわち園という場における自分のあり方が両義性（＝矛盾した二つのことが同時に成りたっている状態）をおびていることになる。時には、こうした両義性が子どもにとって不条理なこととしてとらえられてしまうことがある。例えば、「なんでみんなと同じことしなくちゃいけないの」という疑問を子どもがいだくのは、こうした両義性にともなう不条理を何となく感じているからであろう(1)。

しかも、みんなのなかの一人の子どもとなることにより、自分自身が感じている自分のあり方は、他者の意識のなかでいだかれている自分のあり方とは異なるものとしてもとらえられるため、この時の子どものあり方も、やはり両義的であることになる。

例えばみんなのなかの一人の子どもとなっている子どもは、一方では、他の子どもに対する「今は○○をしなきゃいけないんだよ」という主張から窺えるように、多くの他の子どものなかの一人の子どもであることを自覚している。あるいは、教師の代わりに給食当番が、「いただきます」と声をかけるまでは、声をかけられた子どもは、多くの子どもたちのなかの一人の子どもとして、食事を待たなければならない。しかし他方では、時には自分が給食当番として、教師の代わりにみんなに「いただきます」と語りかけることにより、多くの子どもたちの主体として活動できる。

こうした両義性を備えた不条理が子ども自身にとって明らかになるのは、他の子どもたちがお片づけや課題の制作が終わっているのに、自分だけが終わっていないことに気づいているため、自分の活動に不満足感をいだく時である。というのも、自分だけが遅れていることを自覚することは、みんなのなかの一人の子どもであるという意識があるからである。また、不満足感を抱くのは、みんなの活動に追いつけない自分を、他の子どもたちに対する主体として意識しているからである。

他の子どもたちよりも早く活動できたため、他の子どもたちが活動を終えるのを待たなければならない時にも、同様の不条理によって不満足感が生じる。というのは、この時の子どもは、いまだ作業を続けている他の子どもたちに対する主体でありながらも、同時に、みんなのなかの一人の子どもでもあるため、他の子どもたちの作業が終わるのを待たなければならないからである。

以上本節では、園という場における子どものあり方を、他者のなかの一人の他者となることに関するトイニッセンの思索を導きとして、探ってきた。その結果、園という場では、他者関係に関し、子どもたちは家庭とは異なるあり方をしていることと、そのあり方の内実が明らかとなった。そこで次章では、こうしたあり方をしている子どもにとって、園という場における空間と時間はどのようにとらえられているかについて、探っていくことにしたい。

(1) こうした不条理がかなり強く感じられてしまった子どもの辛さについては、やはりトイニッセンにおける他者のなかの一人の他者となることに基づいて、大塚(二〇一一)第7章でかなり詳細な解明がなされている。

第7章
園における空間と時間

前章では、子どもが園という場で自由に活動できるようになることは、家庭におけるあり方とは異なり、子どもがみんなのなかの一人の子どもとなることである、ということが明らかとなった。すると、みんなのなかの一人の子どもとなることによって、保育所や幼稚園における空間と時間も彼らにとって家庭におけるそれらとは異なったあり方をするようになるはずである。そこで、子どもが、保育所や幼稚園といった場で自由に活動している時には、そこでの空間と時間は彼らにとってどのようなあり方となっているかを探ることにしたい。

第1節では、幼稚園や保育所における空間が、そこに初めて参加し、その空間に慣れていくまでの子どもにとってどのように変化していくかについての榎沢良彦の記述をまず簡単に紹介しておきたい。というのも、榎沢は、園という場における具体的な子どもの活動に基づき、彼らがその場に慣れていく過程を丁寧に追っているからである。そのうえで、子どもが園という場に慣れ、そこで自由に活動している時の、すなわち、彼らがみんなのなかの一人の子どもとして活動している時の空間内にある様々な物のあり方について探ることにする。第2節では、家庭における時間のあり方と対比したうえで、子どもにとっての園における時間のあり方について探ることにしたい。

第1節　園における空間

幼児にとっての園という場における空間がどのようなあり方をしているかを探る前に、彼らが園に慣れるまでの空間が彼らにとってどのように変化していくかを、榎沢の記述を追うことによって、素描しておきたい。

・幼児にとっての園における空間の変化

榎沢は、幼稚園や保育所の空間を園空間と総称し、空間に住まうことに関するボルノウ（一九〇三－一九九一）の思索に依拠し、園空間が子どもにとって次のように変化していく、という。

初めて園空間に足を踏み入れる子どもは、くつろぎややすらぎや安心感がえられないため、榎沢によって「内部空間」と呼ばれているところの、彼らがそこで成長してきた家屋から、内部空間には属さないため、「外部空間」と呼ばれる空間へと移行することになる。外部空間は、子どもに対して、内部空間ではいだくことのなかった「不安」や「緊張」を与えるものでしかないため、「自分自身の空間」とはなっていない。しかし、そうした子どもも、保育者に支えられてその空間にいることが可能になり、保育者と一緒にいる場所でならば、そこが自分の居場所であることを感じ、何らかの活動をその保育者と一緒にできるようになる。こうした空間を榎沢は「存在空間」と呼んでいる。存在空間は、特定の場所に限定されているが、そこでは自分のしたいことができるため、榎沢によって「行動空間」とも呼ばれる空間にもなっている。しかし、いまだ子どもは園全体で行動できるわけではなく、行動空間にとどまりながら、周囲の空間を眺めることしかできない。こうした子どもも、保育者の導きや他の子どもからの誘いや、彼らの楽しそうな遊びの雰囲気に引きつけられて、行動空間を園空間全体へと広げていけるようになり、いつのまにか、園空間全体が行動空間になると同時に、それまで彼らが育ってきた家屋と同様、子どもにとって内部空間へと変化していく、とされている（以上、榎沢、第2章参照）。

事例と共になされている榎沢による以上の記述によって描かれている園空間のあり方の子どもにとっての変化は、幼稚園や保育所において日常的にみられるものであり、また、榎沢のとらえ方も、当をえたものであることは疑いえない。

しかし、ここで問題としたいのは、榎沢においては、子どもたちにとって園空間が外部空間から内部空間になるまでの過程についての考察から窺えるように、園空間が行動空間となってしまっている時の子どもにとっての空間のあり方については、家屋において典型的となる内部空間と同様の特徴しかみいだされていない、ということである。ところが、前章までで探られたように、幼稚園や保育所では、家庭においてとは異なり、子どもたちがみんなのなかの一人の子どもとなっている以上、園内で自由に活動できるようになっても、家庭における空間と園における空間の子どもにとってのあり方や、それぞれの空間における子どものあり方にも違いがあるはずである。そこで以下では、みんなのなかの一人の子どもという観点から、これら二つの場の違いを考慮しながら、園における空間そのものの子どもにとってのあり方と、そこでの子どものあり方を探っていくことにしたい。そのさい、これらの違いを際立たせるため、子どもにとっての家庭における空間と園における空間との違いについて、まず簡単に探っておくことにする。

・家庭における空間と園における空間との違い

子どもにとっての家庭における空間は、そこで適切な仕方で活動するためには誰とどのようなことをしたらいいのかをことさら意識しなくてもいいほど、慣れ親しまれている。このことは、その空間内に配置されており、そこで安心して生活できるために整えられている家具や様々な道具や遊具を子どもが自由に使いこなせる、ということを意味している。しかもこの空間は、子どもにしてみれば、自分を中心にすえることが可能となるような立ち位置を自由にとることができる空間でもある。このことは、どのように移動したら行きたい所に行けるかとか、どのように手を伸ばせば使いたいものに手が届くのかということなどが、まったく意識することなく、子どもの身体に刻みこまれている、ということを意味している。このことを道具や家具の方からいいかえれば、それらは、子どもが家庭における空間で自由に活動できるようにと、子どもの周りに適切な仕方で配置されている、ということができる。それゆえ、家庭内のどこにいようとも、あるいはどこへと移動しようとも、子どもは道具や家具の配置の中心に位置していることになる。

他方、幼稚園や保育所に入園した当初の子どもは、園内に配置されている様々な道具や備品や設備などの配置の中心にいることができない。それゆえ榎沢のいうように、こうした時の子どもは、そのなかで自由に活動できなくなるのである。しかし、園における空間の子どもにとってのあり方が、榎沢の描いたような過程をへて、子どもにとっての行動空間となることにより、園内で子どもは自由に活動することができるようになる。と同時に、家庭においてと同様、園内にある備品などの配置をことさら意識することなく、それらを自由に使いこなせるようになる。

しかし、だからといって、子どもにとっての園における空間は、家庭における空間とは異なるあり方をしているのである。というのは、以下で詳しく探るように、家庭とは異なり、園においては子どもがみんなのなかの一人の子どもとなっているため、園における空間もそのなかにある物も、家庭とは異なる独特の特質をおびているからである。

・みんなのなかの一つ

園における空間では、たとえ子どもが家庭からもってきた、例えばタオルや着替えやそれらが入れられている通園用のカバンや通園用のクツなどの私物でさえ、他の子どもたちが持ってきた同様の私物と一緒に、園内や自分の属する部屋の特定の場所におかれることになる。それらの私物は、子どもたちみんなの私物のなかの一つとして、園における空間内に配置されることになる。それゆえ、自分の私物であっても、それを子どもの自由によって自分のおきたい場所におくことは、原則として許されていない。それを使う時になって初めて、みんなのなかの一つであった自分の私物を自由に使えることになる。しかも多くの場合、それらの私物の使い方も、みんなが使うような仕方と、つまりみんなの使い方の一つの使い方となる。さらには、それを使う時間も、やはり多くの場合、みんなが使う時間に限定されるようになる。多くの園では、昼食の席やお絵かきなどの課題をする時の席も決まっていることからすると、特定の活動をする場所と時間という限定はあるが、やはりみんなのなかの一つの席で、みんなと同じように活動することになる。自分の属する部屋からみんなと一緒に移動する時などは、列をつくることがよくあるが、その場合にも、子どもはみんなの列のなかの一人の子どもとなる。

たしかに、入園当初は、例えばぬいぐるみの人形を手放せない子どももいるが、そうした子どもに対しては、時間をかけて、園内ではそれらをもちこまなくても活動できるようになることがめざされるのである。

同様のことは、子どもの私物ではない、園内にある様々な遊具や園内に備えつけられているトイレや砂場といった設備についてもいえる。それらの遊具や設備などは、みんなが使うものであるかぎり、特定の子どもに恒久的に属しているのではなく、例えば順番に使うものとなっている。そのため、それらを使うことも、みんなのなかの一つの使い方となっている。

このような仕方で、園内でみんなで使う遊具や備品や設備だけではなく、子どもの私物やそれらの使い方と場所と時間などが、みんなのなかの一つというあり方で園内に配置されている。このように、園における空間内の特定の場所でみんなのなかの一人の子どもとしてそれらを使わなければならないということは、それらすべてがみんなのなかの一つとなっている、ということを意味している。しかも、こうしたことは、たとえ自由保育がどれほどめざされていても、程度の差はあれ、どの園でも生じているのである。

・子どもの個別性の埋没と主体性

園における空間では、以上で探ったように、そこに属する遊具や備品や設備がみんなの使い方のなかの一つの使い方によって子どもに使用されており、しかも、それらが使われる場所や時間さえもがみんなの場所や時間となっている。そのため、それらの持ち主や使い手は、それらが使われていない時には、私物を含め、誰にも帰属していないという意味で、無名である、といえることになる。

このことは、園内に属する遊具や砂場などの設備の場合に典型的に明らかになる。例えば遊具は、たとえある子どもにとってどれほど気に入られたものであったとしても、順番に使うような働きかけが保育者からなされるようになる。それどころか、一時的にその遊具を使うことがない場合には、例えば、「後でまた使おうと思った」という子どもの主張は、多くの場合受け入れてくれないことからも明らかなように、それらの遊具や砂場のような設備は、それを使っている時にのみ、使っている者に帰属し、それらの所有の主体となることができるだけである。

同様のことは、子どもの私物についてもいえる。なぜならば、私物でさえ園における空間ではみんなのなかの一つの私物となっており、しかもそれを使ってよい場所と時間が制限されているかぎり、それが適切な場所と時間で適切な仕方で使われている時にのみ、その私物は当の子どもに属することになるからである。それゆえ、私物が適切に使われていない時には、たとえ私物であっても当の子どもの自由にはならない。そのため、私物の持ち主への帰属性も、かなり制限されているだけではない。さらには、私物が使用されていない時には、それが帰属する主体はその私物の持ち主ではなくなっているという意味で、やはりその持ち主は無名のままにとどまることになる。それが適切に使われている時にのみ、その私物の持ち主は、その私物の使用の主体となることができるだけである。私物でさえ、例えば後で使うからという理由で、自分のそばにおいておくことも原則として許されないため、子どもは自分の私物の潜在的な所有者であることができないのである。

私物でさえ園における空間ではこうしたあり方をしていることは、家庭における子どもの私物のあり方と比べることによって、容易に明らかとなる。家庭における空間では、たとえ子どもが自分の遊具などを使っていなくても、原則として、他の兄弟はそれを無断で使うことは許されていない。そのため、子どもの私物は、それが使われていない時にも、当の子どもに潜在的に帰属し続けているのである。

以上で探ったように、園における空間では、遊具や私物やその使い方などがみんなのなかの一つとなっているため、たとえ自由遊びの時間であっても、いやむしろ自由遊びの時間だからこそ、みんなのなかの一人の子どもであるような仕方で適切に活動しないと、子どもの活動は承認されないことになる。観点を変えれば、遊具だけではなく、私物でさえ、適切な仕方でそれを主体的に実際に使用していない時には、当の子どもに属していないことになる。それゆえ、園における空間では、どの子どもも適切な仕方で私物や遊具や備品や設備を自分から主体的な仕方で、すなわち自主的にそれらを使うことがおのずと求められることになる。そのため一見すると、集団保育においては、子どもの個々の自主性が制限され、園における既定の習慣やルールや決まりに収まるような活動が求められるというように、すなわち子どもの個別性が埋没しているように思われるかもしれない。

しかし実際にはその逆であり、適切に使われるべき場所や時間内で、子どもは、むしろ主体的に遊具や道具や私物を使いこなさなければならない。というのは、多くの子どもたちのなかの一人の子どもとなると同時に、私物までもがみんなのなかの一つの私物となり、その使い方さえもがみんなのなかの一つの使い方となることにより、個々の子どもは、それらの主体的な所有者となるため、自分から適切な活動をすることを暗黙のうちに求められているからである。

こうしたことからすれば、子どもたちのあいだで遊具の取り合いが生じた時、保育者がしばしば子どもたちに語りかける、例えば、「○○ちゃんが〔自分もそれで遊びたいことを〕ちゃんと言わないから、ほかの子がわからないんだよ」といった言葉は、園における空間では、適切な仕方でそのなかにある物の主体的な使用者となることを子どもたちに求める働きかけとなっている、ということが明らかになる。そして、そもそも幼稚園や保育所では、こうした場合にかぎらず、多くの子どものなかの一人の子どもであるからこそ、たとえ保育者が個々の子どもに対して明確に働きかけなくても、子どもたちには、自分の主体性を能動的に発揮することが暗黙のうちに求められているのである。

第2節　園における時間

子どもにとっての空間は、榎沢による園空間についての考察を出発点として探ったように、家庭においても園においても、例えば入園当初には、行動空間ではなかったが、しだいに行動空間となるといった仕方で、かなり明確に子どもの活動に対して強い影響力を備えている、ということが容易に明らかとなる。子ども自身にとっても、自分が今どのような空間にいるかは、いずれの場においても、明確に意識されている。他方、それぞれの場にいる子どもにとっての時間は、空間ほどには、彼ら自身にとっては明確に意識されることがないようである。それにもかかわらず、園という場では、子どもがみんなのなかの一人の子どもとして活動しているかぎり、やはり子どもにとってこの時間は、家庭と園とでは異なる仕方で彼らの活動やあり方に影響を与えているはずである。そこで、本節では、家庭における子どもにとっての時間の流れについてまず探り、そのうえで園という場における時間の流れと彼らの時間感覚の特質について探ることにしたい。

•家庭における時間

家庭においては、すでに第4章で探ったように（本書七八頁）、誕生後しばらくのあいだは、空腹や睡眠といった子どもの生理的なリズムに合わせて、親からの子育ての流れが形成されるのであった。例えば、乳児が夜泣きをすれば、乳児をあやして再び睡眠させなければならなくなるため、親の一日の時間の流れは、大きく崩されることになる。しかし、こうした夜泣きもしだいにおさまるようになると、家庭での子どもの生活のリズムは、その家庭の生活のリズムにある程度合わされるようになる。離乳食の時期になると、さらにこのことが促進されるようになり、最終的には、子どもの食事も親の食事の時間になされるようになる。

しかし、家庭においては、朝起きてからの一日の生活の流れは、たしかにある程度固定されてはいても、後に探ることになる園という場ほどには、正確な時間の経過によって決められてはいない。親の仕事の関係から朝起きる時間はある程度固定されていたとしても、休日などには、その時間さえもがずれてくることがごく普通であろう。しかし、こうしたずれがあったとしても、朝起きてから家族が行なうことの順序は、通常の日常生活においては、ある程度固定されている。幼児も、さほど意識することなく、家庭におけるこうした時間の流れに慣れていくだけではない。例えば、「お昼〔ご飯を〕食べたい」といった仕方で、日常生活における時間の流れを子どもの方からうながすことさえある。

しかし、家庭生活におけるこうした流れは、我々おとなにとっては公共の時間の経過を正確に明示しているところの、時計で計られる時間の経過を背景としているようには、子どもによってはとらえられてはいない。というのも、幼児の時期では、時計の時間や時間の経過をまだ正確に知ことができないからである。実際、幼児が親の介入なしに友だちと外で遊べるようになっても、親は何時になったら帰宅するようにとは言わずに、例えば、「暗くなったら帰ってくるんだよ」といった語りかけをする。子どもが毎日のように見ているアニメのテレビ番組の時間に関しても、子どもは、一日の生活のリズムのなかで、そろそろ当の番組が始まるころだ、といった時間感覚しかもっていないであろう。たとえ時計を見てその時間が迫っていることを感じても、その時の時計の見方は、時計の針の位置や長針と短針とによってつくられる形や、それらと数字との位置関係から判断している、と考えられる。そのため、幼児は、我々おとなと同様の仕方で時計を使っているのではないであろう。事実、園では、子どもに対して、例えば時計に模した大きな文字盤を使って、園庭からみえる時計の針がそれと同じになったら部屋に帰ってくるようにという指導をしていることがある。しかし、こうした指導も、子どもによる文字盤の見方が先に述べたようなものでしかないことを保育者が上手に利用していることによる、と考えられる。

以上のことから窺えるのは、例えば、「お昼〔ご飯〕の時間」とか、「テレビを見る時間」とか、「もう寝る時間」といった語りかけで子どもの活動をうながしている親の言葉に含まれている《時間》という言葉の意味は、おとなと子どもとでは異なっている、ということである。すなわち、我々おとなにとっての「〇〇する時」という場合の《時》とは、二四時間という公共の時間の連続的な経過の枠内に位置づけられたある特定の時点である。あるいは、そのつど明確にとらえられなくても、少なくともこのことが我々の時間感覚の背景となっている。他方、幼児の場合には、こうした公共の時間の流れについての感覚がないまま、「〇〇する時」の《時》は、何らかのことをしたり、するためのきっかけや理由や、そうすることの正当性や、そうしなければならない必然性を示したり、その保証を与えてくれる言葉となっている、と考えられる。そのため、子どもにとっての一日の時間の流れは、おとなにとってとは異なり、その順序が多少異なることがあったり、ある活動が省略されたりすることはあっても、《〇〇すること》の連続性によって成りたっていることになる。そして、この連続性は、家族のあいだでの同意や事情によって、ある程度は変えられたり省略されることが、比較的自由である。

家族の事情や想いなどによって、時間の流れを自由に変えられるからこそ、子どもも家族の一員として、出来事の順序としての時間の流れに自分の主体性をもって参加したり、自分の方からその順序を変えることもできるのである。

他方、園という場においてはみんなのなかの一人の子どもであることによって、子どもにとっての空間のあり方が家庭とは異なっていたように、そこにおける時間も、家庭における時間とは異なったものとなっている。

・園という場における時間

園という場においては、そのなかの遊具や備品や設備だけではなく、子どもの私物さえもがみんなの私物のなかの一つとなっているのは、子どもたちそれぞれがみんなのなかの一人の子どもとなっているからであった。そして、子どもにとっての園という場における時間もまた家庭においてとは異なる仕方で感じられてしまうのも、以下で探るように、子どもがやはりみんなのなかの一人の子どもとなっているからである。

園における時間の流れと家庭における時間の流れとの違いとして容易に明らかとなることは、園では、時間の流れが家庭と比べかなり固定されている、ということである。たしかに、行事などで、時間割が変更されたり、ある活動時間が省略されたり、短縮されたりすることは、さほどまれなことではない。しかし、そうした変更や省略や短縮を含め、時間の流れは、その時間の流れにしたがって活動しなければならない子どもや保育者の合意によって形成されたのでもなければ、彼らの合意によって変更されたり省略されることもほとんどない。時間の流れの固定化や変更などは、それによって自分たちの活動が実質的にはほとんど影響を受けることのない、いわゆる第三者によって決定されている。園における子どもの生活に対して大きな影響力を備えている保育者さえも、時間の流れに関しては、自分の思うようには自由に処理できないのである。

こうしたことから、園という場における子どもにとっては、時間のこうした流れになぜ自分がしたがわなければならないのかがまったくわからないまま、彼らはそこで生活しなければならない。しかし、時間の流れにしたがって活動しなければならないことには、先に述べたような園における空間に慣れるさいの困難さが子どもにほとんどみられない。というのは、園においても、時間の流れは《○○すること》の連続性によって成りたっているからである。おとなから、「今は○○する時間だよ」と言われれば、そのこと自体を受け入れることが幼児自身にとってかなり容易にできる。例えば、遊びに夢中になっているため、お片づけの時間になっても遊び続けたい子どもでも、あるいは遊びをやめようとしない子どもでさえ、遊びの時間が終わり、次はお片づけの時間であることは、十分にわかっている。すなわち、子どもにとっての時間は、家庭においてと同様、《○○する時間》としてとらえられており、また、○○をする順序も、さほど長い日数を必要とせずに、子どもに意識されるようになる。このことは、園における空間が榎沢のいう存在空間となっていないため、一日じゅう泣いている子どもでさえ、しばらく日がたつと、泣きながら園での時間の流れに沿った活動にかなり近い活動をするようになることからも、間接的にではあるが、明らかになる。

以上の点に関しては、子どもにとっては家庭における時間と園における時間とのあいだには違いがないとしても、みんなのなかの一人の子どもとなることによる、以下で述べるような大きな違いもある。

家庭においては、家族の合意のもとに、時間の流れがある程度自由に変えられたり、様々な理由から、時間の流れにずれが容易に生じるだけではない。たとえこうしたことが生じなくても、いつでもそうした変更などが可能である、ということが家族のあいだでの暗黙の了解となっている。他方、園という場においては、こうした変更やずれは、それに直接規定される保育者だけではなく、子どもにとっても、ほとんど自由にならない。送迎バスの送り迎えや、保育時間に合わせた家族の付き添いなど、園から離れている時の家族と子どもにとってさえ時間の流れが決められていることからしても、園という場における時間が、当事者である子どもに対してだけではなく、家族に対しても、強い影響力を備えていることが容易に窺える。それどころか、病気や体調不良などによって、園という場における時間の流れに沿うことができない子どもは、登園を控えるとか早退するといった仕方で、園から離れなければならないほどである。他方、榎沢によって描かれていたように、子どもが園における空間に慣れていなくても、その場から離れなければならないことは、ほとんどないのであった。

園という場における時間の流れが、そこでの活動の主体である子どもの生活の流れをこれほど強く規定しているにもかかわらず、それが子どもの自由にはまったく委ねられていない。そのため、子どもは、なぜ今○○をしなければならいかがまったくわからないまま、生活しなければならない。それにもかかわらず、園における空間に慣れる場合とは異なり、園における時間の流れに慣れるさいには、子どもに困難さがほとんど感じられないのは、先に述べた《○○する時間》の意味が家庭と同じであるだけではなく、子どもがやはりみんなのなかの一人の子どもであるからである。

家庭では、「○○をしよう」という言葉が家族の誰かから発せられる時には、「みんなで」とか、

「○○ちゃんとお母さんで」といった、行為の主体が言葉で明示されることがそれほど多くないであろう。活動の主体が言葉で明示される時には、言葉にされている者以外をあえて除いて、という意図がある場合が多い。他方、園という場では、多くの場合、「みんな、○○する時間だよ」とか、「みんなで○○しよう」とか、一人だけ○○をしなかったり、したくない子どもには、「みんな○○をしているよ」といった言葉かけがおとなによってなされることが、非常に多い。しかも、《みんな》というこの言葉は、今は《○○の時間》であることをかなり強く子どもたちに訴えることになる。というのは、《○○する時間》を決めているのは誰かが子ども自身にはほとんどわからないまま、○○する主体は自分たち自身であることを、《みんな》という言葉によって子どもは強く感じざるをえないからである。と同時に、《みんな》という言葉をかけられることにより、子どもたちのそれぞれが、みんなのなかの一人の子どもである、ということを強く自覚させられることになる。

すると、園という場における時間の流れに慣れることとは、子どもにとっては、それを誰が決めたかはわからないが、みんながその流れにしたがって活動しなければならないような○○する時間感覚を身に着ける、ということを意味することになる。すなわち、子どもは、家庭から園へと移行することによって、公共の時間を身に着けるために必要な、みんなにとっての時間感覚にしたがって活動することができるようになるのである。

以上で探ったことから、幼稚園や保育所は、制度としての公教育機関であるだけではなく、そこでは幼児の空間や時間までもが公共のものとなっている、ということが明らかとなった。しかも、そこでの時間の流れが、《みんな》とか、《○○の時間》といった言葉によって子どもに強く意識されることから窺われるように、言葉が子どもの活動に対し特有の機能をはたしていることが示唆された。そこで次章では、幼児に特有の言葉はどのようなあり方をしており、彼らは言葉をどのようにとらえたり、発したりしているかを探ることにしたい。

第8章　言　葉

言葉に関する乳幼児の活動について、つまり、他者の言葉を聞いたり自分から言葉を発したりしている時の彼らの活動について探るためには、彼らと親密に関わっている親や保育者の言語活動が乳幼児にとってどのような機能をはたしているかをまず探らなければならない。というのは、いまだ言葉を我々おとなと同様の仕方で使いこなすことのできない子どもがしだいに言葉を身に着けていく過程では、我々おとなによる言葉の使い方とは異なることが生じているはずだからである。すなわち、いまだ母語を十分に理解したり発したりすることができない時期の子どもにとっては、おとなにとってはもはや明確にとらえられなくなっているところの、実際に言葉として発声する前に意識の内奥で生じていることが重要な役割をはたしている、と考えられるからである。乳幼児は、おとなの発する言葉の意味をたとえ十分には、あるいはほとんど理解できない時期でも、発話行為にいたる以前におとなの意識の内奥で生じており、発話行為を支えている根底に含まれていることを、我々おとな以上にかなり豊かな感受性をもって、彼らなりの仕方でとらえている、と考えられる。

こうしたことから本章では、言葉にいたる以前のおとなの意識の内奥で生じていることに対する乳幼児の感受性の豊かさを明らかにしたい。そのうえで、言葉になる以前に子どもの内面で生じていることを明らかにしたい。また言葉と自我の確立との関係についても探ることにしたい。

・乳幼児にとっての告げ知らせ

乳幼児にとっての言葉のあり方を探るさいにまず注意すべきことは、言葉がそれ自体として彼らによって聞かれたり話されているのではない、ということである。乳幼児にとっての言葉は、そのつどの現実の状況のなかで、おとなや子ども自身の身体活動と一体となって、機能している。とくに一歳ころから発せられる初語をはじめとした一語文は、そのつどの状況と一体となっているため、同じ言葉が状況によって異なる機能をはたしている。例えば、初語の多くにみられ、食事の時や母親に関わる状況でしばしば発せられる「マンマ」や「ウマウマ」といった言葉は、その時その場の状況や子どもの状態に応じて、ある時には、母親への呼びかけや何らかの要求や不満を表わしたり、他の時には、《おなかがすいた》という要求や、《さあ、ごはんだ》といった予期などを表わすことになる。そのため、幼児のこうした言語活動は、対象や物や人間や自分の行為などを指し示すためのカテゴリーに基づいて機能しているのではない。

しかし、様々に異なる状況で発せられる例えば《マンマ》という言葉は、当の子どもにとっては、何ら混乱をきたすことはない。この言葉は、そのつどの状況や子どもの状態に応じて、抱っこしてもらったり、食事を介助してもらったり、オムツを換えてもらったり、眼を合わせて微笑み返してくれるといった、子どもにとってかなり快適な結果を母親から的確にえられることを可能にしてくれる言葉として機能している。もちろん、この言葉がこうした多様で豊かな内実を備えて機能しうるのは、子どもの要求や状態などを適切にとらえる母親の感受性によるのであろう。

母親のこうした感受性からは、母親をはじめとする幼児に親密に関わるおとなも、言葉の概念的な意味にしたがって幼児の言葉をとらえているのではないことがわかる。しかも、我々おとなが言葉を介して会話している時にも、すでに第4章で詳しく探ったように（本書八五頁以下）、話し手が意図していないことも、同時に聞き手に告げ知らされているのであった。それどころか、こうした告げ知らせは、聞き手に対して、時として、言葉を介して明確に伝達されるものよりも大きな作用を及ぼしている場合もある。そして、こうした作用の及ぼしは、我々おとなの場合よりも、乳幼児の場合には、かなり強くなるのであった。

例えば、誕生後まもないころの乳児の泣き叫びは、空腹や抱かれ方の窮屈さや室温が適切でなかったり、眠たかったり、オムツが汚れていたりといった、子どもの状態や子どもがおかれている状況についての、当の子どもによっては意図されることのない告げ知らせとなっている。あるいは、三カ月ころに始まる、「クー」や「アー」と発声するクーイングでさえ、それが落ち着いて機嫌の良い時に発せられる以上、やはり子どもによっておとなに伝達しようとする意図のない告げ知らせであることになる。あるいは、六カ月ころに始まる喃語《なんご》でさえ、親がそばにいたり、乳児に語りかけると、かなり長い時間にわたって繰り返される以上、親の存在や語りかけに対する乳児の喜びや安心感の告げ知らせともなっていることがわかる。

初語を発する一歳近くになると、「お口アーンして」とか「ちょだい」といったおとなからの語りかけに対して適切な身体活動が生じるのも、親の働きかけに対応したおぎない合う呼応の一環として、幼児が親の言葉をとらえているからであろう。しかしだからといって、この時の子どもは、そうしたおぎない合う呼応によって自分の内面を意図的におとなに伝達しようとしているとは考えられない。この時の子どもは、親の働きかけに適切に対応しているだけであるが、そうした対応の適切さや不適切さが、親のそのつどの感情や気分に対してだけではなく、親によるさらなる働きかけに影響を与えることになる。

・道具としての言葉

先に述べたように、初語を含めた一語文の時期の子どもは、状況と一体となって言葉を発しているのであった。それゆえ、この時期の言葉も、その言葉の意味だけではなく、彼らと親密に関わるおとなに対して、子どもの状態やその子どもがおかれている状況を告げ知らせていることになる。それゆえ、おとなが子どものこうした告げ知らせをとらえて子どもに対応するかぎり、この時期の幼児にとっての言葉は、たしかに自閉症気味の子どもに多くみられるが、そうではない子どもにもみられることがあるところの、自分の取りたい物の方へとおとなの腕を導くクレーン現象と同様、他者と共に何かをするために使われていることになる。あるいは、自分のおかれている状況をより快適なものとしたり、自分の願いをかなえてもらうために言葉が使われていることになる。まさにメルロ‐ポンティのいうように、この時期の子どもは、おとなと一緒にそのつどの状況に適切に対応するための「道具として言葉を使う」(Merleau-Ponty, 1953, p. 3, 一〇五頁) のである。

・沈黙の思考

それどころか、二歳ころになり、「ママ、おつかい」とか、「パパ、いない」といった二語文が話せるようになっているにもかかわらず、一人で遊んでいる時に、母語の音素には含まれていない、例えばおとなには《ゴニョゴニョ》といった喃語のように聞こえてしまう独り言でさえ、たとえそれが母語の音素によって発声される言葉にはならないとしても、遊びながら自分の内面で生じている想いを幼児なりの仕方で発声しているのではないだろうか。もしもそうであるならば、おとなからすると、遊びを一人で楽しむためのあたかも呪文のように聞こえてしまうこうした発声でさえ、子どもの内面で生じているがいまだそれを言葉に正確におきかえることのできない子どもの想いや考えが、こうした発声にこめられていることになる。

しかし、子どもの内面で生じているだけで、明確な母語の音素として発せられることのない幼児のこうした発声が幼児自身にとってどのような意味を備えているかは、我々おとなにはとらえにくくなっている。というのも、我々にとっては、内面の様々な想いをともなわなくても、いわゆる《表面的な言葉》を話すことがかなり容易になっているからである。そのため、以下でメルロ－ポンティと共に探るように、言葉を発するさいに我々の内面で生じていることと、それが言葉におきかえられる時に生じていることが、我々おとなにはとらえにくくなっているのである。

我々おとなは、言葉を使って考えるようになっており、また、いわゆる内面の思考を表に現わすという、《表現》という単語の文字通りの意味で、言葉でもって思考を表現する。しかし、使い古された、あるいはいわば自動的にでてくる決まり文句を話す場合とは異なり、何事かについて初めて考えている時に典型的となるように、自分の考えが言葉にされることによって初めて、自分が何をどのように考えていたのかが明確になる、という経験を我々はしばしばしているはずである。メルロ－ポンティのいうように、「思考は、たしかに、瞬時に、あたかも稲妻のように突き進んでいくが、しかし我々には、その後まだ、それを我がものとすることが残っており、表現を通じてこそ、思考は我々の思考となる」(Merleau-Ponty, 1945, p. 207, 二九一頁以下)。そのため、我々は、何事かについて初めて考える時には、自分の考えていることを少しずつ文章にすることによって、その考えを自分のものとし、そのうえで、自分の考えをさらに展開していく、といった作業をするのであろう。

以上のことからすると、自分の考えを言葉で表現することは、たんにその考えを忘れないようにと、いわばメモをとっておくことになるだけではない。メルロ－ポンティのいうように、「言葉は、言葉を語る者にとっては、すでにできあがっている思考を〔話し言葉や文章表現へと〕翻訳するのではなく、思考を完成する」(ibid., 同書二九三頁)のである。

そうである以上、「話すことを学び始めた子どもや、初めて何らかの事柄について語り、考える作家や、結局のところ、ある沈黙を言葉に変えようとするすべての人々にさいし、〔こうした人々の〕表現や伝達のなかにある偶然的なもの」(ibid., p. 214, 同書三〇二頁)をとらえることが必要となる。それゆえ、内面で生じていても、曖昧なままにとどまっていたり、過ぎ去って忘れ去られたりしている我々の内奥で生じている思考内容へと迫らないかぎり、これらが言葉にもたらされる以前に意識のなかで生じていることに迫らないかぎり、つまり「言葉の根源へとさかのぼらないかぎり、言葉のざわめきの下にある、もともとの沈黙を再発見しないかぎり、この沈黙を破る振る舞いを記述しないかぎり、我々の人間観は表面的なままとなってしまう」(ibid., 同所)。そして、先に述べた幼児の独り言のような発声は、まさに幼児のなかでのいわゆる沈黙の思考が言葉になりかけていることの現われであることになる。また、一語文や二語文も、幼児の意識の内奥で生じているところの、曖昧なまま稲妻のように突き進んでいくため、その痕跡を残すことなく過ぎ去ってしまったその時その場での子どもの偶然的な意識内容の、いわば氷山の一角でしかないことになる。

•幼児が黙りこむことの意味

それどころか、自我が確立される三歳ころには、母語をほぼ完全に使いこなせるようになり、言葉によるおとなとのあいだでかなりスムーズになっているにもかかわらず、例えばおとなに叱られた時や、子どもの望まないかなり強いしつけがなされている時などには、おとなの語りかけに対して子どもが下を向いたまま、黙りこんでしまうことがよくある。しかもそうした状況では、自我の確立期が第一次反抗期でもあることとあいまって、こうした黙りこみは子どもの反抗的態度とみなされてしまうことがよくある。

しかし、先に述べた言葉のざわめきの下にあるいわば沈黙の思考と実際に語られた言葉との関係からすれば、こうした黙りこみを子どもなりの反抗とみなすことは、かなり早計であろう。自我が確立すると、それまではそのつどの状況においておとなとのあいだで生じていたおぎない合う呼応から脱して、自分で何でもしたがるようになる。このことは、子どもが、おとなからは独立した人格を備えたあり方をするようになり、しかも保育所や幼稚園に通園するようになると、多くの子どもたちの、すなわちみんなのなかの一人の子どもでもあるという、両義性をともなう不条理を感じながら、自分の主体性をもっておとなに対応しなければならない、ということを意味している。そうである以上、この時期になると、子どもはそれまでにはなかったあり方をするようになる。そのため、こうした時に子どもの内面で生じている想いは、それまでに獲得した言葉や文章では表わせないような想いともなっているはずである。

例えば、おとなからみると他の子どもにしてはいけないことを子どもが初めてしてしまった時に、それが許されないことを子どもに丁寧に説明し、他の子どもに謝るように強く訴えても、なかなか謝れない子どもがいる。こうした時の子どもは、たとえその子どもなりの正当性をいだいていても、それがその子どもにとって初めておとなから叱られるような行為である場合には、その正当性を自分では言葉で説明できないはずである。例えば、自分が遊んでいた遊具を他の子どもに奪われそうになったため、それを阻止しようとして偶然他の子どもに自分の手が強く当たっただけなのに、その行為を「どんなことがあっても、お友だちに暴力をふるったらダメなんだよ」とおとなによってかなりきつく諭されても、そうした事態にいたった経過や、その時の自分の想いを正確に言葉で表現することは、この時期の子どもにとっては、かなり困難なことであるはずである。

すでに引用したメルロ－ポンティが述べていたように、そもそも言葉を学び始めた子どもにとっては、それまでは言葉にしたことのないことや初めての体験にさいして、自分の内面で生じた想いなどを言葉にすることには、それまでは誰も言葉にしたことがないことを言葉で表現する作家と同様の、困難さがともなうはずである。先の例で述べれば、子どもは次のような困難さに遭遇させられることになる。他の子どもから、「○○チャンはずっとそれで遊んでいたから、今度はボクに貸して」という言葉をかけられることなく、自分の遊んでいる遊具を突然奪われそうになる。そのような他の子どもの行為に対して、「もう少ししたら終わるからそれまで待ってて」という言葉を発することができないまま、その遊具が奪われることを阻止するために、かなり乱暴な身体的振る舞いにおよんでしまう。すると、この時二人の子どもの行なっていることが、おとなから、「すぐにケンカしたらダメなんだよ」、という言葉でこの子どもに対して初めて表現されてしまう。《ケンカ》という言葉を耳にすることによって、子どもは、この言葉によって指し示される事態を初めて理解することになる。あるいは、自分たちのその時の振る舞いがケンカと呼ばれることである、ということを初めて理解できることになる。あるいは、「そのおもちゃが取られそうになったんで、思わず手がでたんだよね、いじわるするつもりじゃなかったんだよね」、とおとなに言われることによって、その時にその子どもの内面で生じていたもやもやとした想いや何とも言えない感情が、《思わず》とか、《いじわる》といった言葉によって、その言葉に相応した想いへと変化する。すなわち、言葉にできないために曖昧なままにとどまっている子どもの想いが、おとなの言葉によって、メルロ－ポンティのいうように、《いじわるするつもりはなかった》想いとして、完成にいたることになるのである。

それゆえ子どもが、こうした場面で黙りこんでしまう時に、言葉のざわめきの下にある子どもの想いや、言葉にもたらされることによって破られる子どもの沈黙をおとなが再発見できないかぎり、この沈黙を破る振る舞いを子どもに代わっておとなが言葉によって表現してあげないかぎり、叱っているおとなによる子どもの理解は表面的なままとなってしまう。さらには、表面的な理解のまま子どもに対して語りかけられるおとなの言葉は、子どものその時々の内面には対応することなく、子どもによっても表面的にとらえられるだけとなってしまうであろう。

• 初めて聞く言葉の重さ

子どもによる言葉のこうした表面的なとらえ方は、そもそも子どもがある言葉を初めて聞く時には、いつでも生じうる。子どもが何かをした時に、おとなが、「○○をしたんだね」という言葉をかけることによって、その時の体験は、子どもにとって○○という言葉で表わされる行為として、子どもの心に刻みこまれる。例えば、何かを制作した時や課題を完成した時や、嫌いなものを食べた時などに、「本当に頑張ったんだね」と声をかけると、たとえその時《本当にがんばった》という言葉に対応することのない、気楽に行なわれたことや、いわゆる《いい加減な気持ち》でなされたことでさえ、子どもは、その行為を《本当に頑張った》という言葉で表現される行為として、とらえてしまう。その結果、以後、その子どもは、本当に《頑張る》ことなしに、自分は《頑張った》とみなすことになってしまう。そうしたことは、この時期の子どもに対して多く語りかけられる、「すごい」や「かっこいい」や「上手にできたね」や「こんなにできたんだ」や「ありがとう」とか、親や保育者が「○○チャンが助けてくれてうれしかった」といった、いわゆる子どもに対する肯定的な承認の言葉についていえるだけではない。さらには、「そんなことをしているから○○ができないんだよ」とか、「そうしたらダメなんだよ」とか、「そんなことをするとママは〔あるいは先生は〕悲しいよ」とか、「そんなことをすると○○チャンは嫌がるよ」とか、「そんなことをしちゃいけないんだよ」といった不承認の言葉かけについても、同様のことがいえるのである。

それどころか、子どもの個々の活動を言葉でおとながおぎなうため、例えば、「もうちょっとここを○○にしたらもっとよくなるよ」とか、「ママ〔あるいは先生〕は、○○ちゃんのことをちゃんとみているからね」といった言葉かけについても、まったく同じことがいえる。すなわち、子どもに対するおとな自身の行為が言葉にされる時にも、子どもにとってのおとなの言葉は、以後、その言葉によって初めて語られた時のおとなの行為や内面の想いなどを表わすものとして、子どもの心に刻みこまれてしまうのである。先の例で具体的に述べれば、「ママは、○○ちゃんのことをちゃんとみているからね」という言葉で子どもに語りかけても、その時のおとなが本当に子どもをきちんと見守っていなければ、子どもは、《ちゃんと》という言葉を《きちんと》見守ってくれていない親の内心を指し示す言葉としてとらえてしまうことになる。

以上のように、子どもに対するおとなのすべての言葉かけは、子ども以後のあり方に対しても大きな影響力をもっている。それどころか、以下で探るように、言葉はそれまでの子どものあり方を質的に大きく変える機能をも備えているのである。

・言葉の獲得と自我の確立との関係

以上で探ったように、幼児期における言葉の獲得には、おとなからの言葉かけが非常に重要な役割をはたしている。しかしだからといって、子どもの言葉の獲得の程度は、おとなから言葉をかけられたり、自分から言葉を使っておとなに語りかけたり、といった会話の積み重ねやその量に比例している、というわけではない。すなわち、おとなとのあいだでの言葉を使った他者関係の機会や時間が増えるのに比例して、彼らの語彙が増えていったり、言葉の使用法がより正しくなったり、言葉の意味をより正確に理解できるようになる、というわけではないのである。

経験的にもよく知られているように、また発達心理学の成果が示してくれているように、三歳ころを過ぎると、幼児によって発せられる言葉の数は飛躍的に増大する。また、一度に発話される文章もかなり長くなる。それまで多く使われていた、「ワンワン」や「ブーブー」といったいわゆる幼児語がなくなり、それらは、「イヌ」とか「ジドウシャ」といったおとなと同様の言葉にとって代わられる。「ゴメンナチャイ」とか「オンギ(=オンリ)」とか、「サブイ(=サムイ)」といった、それ以前の段階の幼児に特徴的な発音もほとんどなくなってくる。こうして子どもは、三歳ころを過ぎると、一気に母語を自由に使いこなせるようになる。

しかしだからといって、子どもにおける母語のこうした獲得は、彼らの精神的な発達や、言葉を発するさいに調整されなければならない口腔《こうこう》や舌や唇の使い方などが、それまでは未熟であったが、成長と共に、こうした未熟さが成熟したからである、という理由だけでは、この時期における彼らの言葉に関する能力の急速な高まりを説明することはできないはずである。

しかも、言葉に関する子どもの能力が急速に高まっていく移行期には、言葉そのものの使い方としては正しいにもかかわらず、以下で詳しく探るように、一見すると、その時その場での子どもの状態や彼らがおかれている状況には適さないように思われる言葉が多く発せられるようになる。

では、この時期の子どもが言葉に関する能力を急速に獲得している時、彼らにはどのようなことが生じているのであろうか。この問いに答えるには、この時期がちょうど幼児の自我が確立される時期と重なっている、ということに着目することが必要であろう。というのは、一方では、当然のこととして、子どもが言葉を獲得するのは、ほとんどの場合、言葉を介した他者との関わりによってであるからである。このことは、たとえ受動的な仕方でしかないが、彼らがテレビなどを見ていたり、絵本をおとなに読み聞かせてもらっている時にもいえるはずである。

さらに他方で、自我は、そもそも他者との関係によって、すなわち、他者と同じ一人の人間でありながらも、同時に、他者とは異なるあり方をしていることによって成りたつ。そのため、自我の確立期には、他者関係も質的に大きく変化していくはずである。より正確に述べれば、自我の確立と他者関係の質的な変化は、同じ事柄の観点を変えたとらえ方でしかない。つまり、子どもの自我のあり方の変化が、他者関係の質的な変化として顕在化されるのである。また逆に、他者関係の質的な変化が幼児の自我の確立につながっているのである。そして、先に述べたように、幼児の言葉の獲得において他者関係が重要な役割をはたしている以上、自我の確立期における他者関係の質の変化は、子どもの言葉の獲得にとっても、重要な役割をはたしているはずである。

そこで、以下では、幼児の自我の確立とこの時期に子どもが言葉に関わる能力を急速に獲得していくこととの関係を探ってみたい。しかし、幼児の他者関係に質的に大きな変化をもたらしている彼らの自我の確立自体については、ここで詳しく考察することはできないので[1]、言葉の獲得に深く関わってくる事柄に限定して、自我の確立と言葉の獲得との密接な関係について探ることにしたい。

・自我の確立における幼児の他者関係

すでに第5章で詳しく探ったように、子どもの自我が確立されるまでは、感情の絆に基づき、おとなとのあいだでおぎない合う呼応が展開しているのであった。しかし、三歳ころになると、子どもは、こうしたおぎない合いによる他者関係から脱し、何でも自分でしようとしたり、自分の能力を試すことが楽しいかのように、あえて困難な課題に挑戦しようとするようになる。このことは、親の手助けや介入なしに、何でも自分でしたがるようになることを意味している。というのも、自我の確立する以前は、他者とお互いに融け合っている状態に基づいたおとなとのあいだでのおぎない合う呼応が展開しなくなると、子どもは自分一人では活動できなくなっていたからである。他方、自我が確立すると、親とのそうしたおぎない合う呼応が、むしろ邪魔になってしまうことが多くなる。その具体的現われとして、この時期になると、例えば、おとなの視線や呼びかけが、子どもの集中して行なっている活動の邪魔をするようになる。経験的にも、子どもは、それ以前とは異なり、たんに親などと目を合わせただけでは、微笑みを返さなくなる。時にはいぶかしげな表情でもって、それまでの活動をとめてしまったりする。さらには、「ママはあっちへ行ってて!」、とさえ言うようにもなる。以上のような子どものあり方から、メルロ－ポンティも、「三歳の幼児が他者の眼差しによって制止されるのは、彼が、たんに自分の眼でみるような者ではもはやなく、他者が彼をみているところの者でもあることを感じるようになるからである」(Merleau-Ponty, 1953, p. 57, 一八八頁)、というのであろう。

おとなとの関係がこうしたあり方へと変化するのは、第6章第2節で詳しく探ったように、他者のなかの一人の他者となることによって、他者によって自分がどのように思われているかを、すなわち、感情移入を介して子ども自身についての他者の想いや考えなどを子どもがとらえることができるようになるからである。そのため、子どもは、一人で遊んでいる時に自分自身がいだいている想いや感情などがおとなからみるとどのようにとらえられるのかを、さらには、もしかしたら自分の想いとは異なったことをおとなが感じているのではないか、ということに気づくようになる。こうしたことが子どものなかで生じている以上、その子どものあり方は、自分の想いの内容と他者から思われている自分の想いの内容とによって、二重化されていることになる。また、こうした仕方で二重化されているため、自我が確立すると、子どもは親には知られたくない自分だけの秘めたる想いをいだくようになる。あるいは、たとえおとなから叱られることがわかっていても、おとなの眼を逃れていたずらをしたり、策略をもって例えば《してはいけない》とされていることをする能力を自分で確かめるため、あえていたずらをしたり、他の子どもをいじめたりするようになる。というのは、それが《してはいけない》ことであるからこそ、こうしたいたずらは、それまでとは異なり、おとなからのおぎない合う呼応でもって応えてくれることがないため、自分一人でそうすることができる、ということを子ども自身に確かめさせてくれるからである。

しかしだからといって、それまでにはみられることのなかった活動が生じたり、子どもの活動にも質的に大きな変化をもたらすような自我の確立は、他者とお互いに融け合っていたそれ以前の状態から不連続に、子どもにとっていきなり可能となるのではないであろう。自我の確立への移行は、それに先立つ何らかの潜在的なあり方に基礎づけられているはずである。というのも、以下で探るように、子どもの自我の確立に先立って二重化を窺わせるような子どもの活動が多くみられるようになるからである。そして、こうした活動においてこそ、彼らの言葉が大きく関わっている、と考えられるのである。

・する人とされる人との二重化

子どものあり方の二重化への移行を窺わせてくれるのは、自我が確立する以前の二歳ころから現われる、次のような言葉をともなった活動である。

二歳ころになると、自分の行為と相手の行為とを取り違えた言葉を発するようになる。例えば、自分たちが家に帰ってきた時に、残っていた家族に、「ただいま」という代わりに、「オカエリ」と言ってしまう。他者に何かを差しだす時に、本来ならば「あげる」と言う代わりに、「チョウダイ」と言う。おとながこちらへ来るように声をかけると、「いま行く」と言うかわりに、「イマクル」と言う。言葉のこうした使い方は、それだけを取りあげれば、日本語の文章としてはまったく正しいにもかかわらず、通常は言葉の誤用とみなされてしまう。すなわち、かつて自分が相手から語りかけられた言葉を、今度は自分からそのまま語りかけているだけでしかない、と思われてしまう。そのため、似たような状況では、かつて語りかけられた言葉の使い方を正しく理解することとなく、自分に語りかけられた言葉をそのまま自分で繰り返しているだけのように、すなわち真似をしているだけのように思われてしまう。

しかし、二歳の後半を過ぎると、子どもは一人で人形遊びをしている時などに、人形を相手にして、一人で二人の人間の言葉を交互に話すという遊びができるようになる。例えば、人形に向かって、あたかも母親から自分がいつもそう言われているような言い方で、「もう遅いからネンネ」と言う。その後すぐに、今度は幼児に見立てられた人形の立場になって、「やだ、テレビ見てる」、と言う。ワロンは、こうした仕方で幼児が二人の人間の立場を交互に取っている時、幼児は、自分を「提供者と受益者へと二重化すること」（Wallon, p. 276, 二四二頁）をしている、と解釈している。すなわち、自我の確立へと向かっているこの時期に、子どもは、いわゆる《する人》と《される人》という複数の人間の立場を同時に取ることがすでにできているのである。

しかも、こうした独り言遊びが、人形を使ってなされていることからは、子どもがかつて聞いた言葉をその時の状況から切り離して、そのまま たんに繰り返して遊んでいるのではないことがわかる。というのは、男の子がよくやるテレビの戦隊もののアニメ番組の登場人物の変身の身振りと同じ動作をただ繰り返すという、真似とは異なり、人形を使うことによって、幼児は、二人の人間がおかれている状況を自分で作りだしているからである。あるいは、女の子がよくやる、アイドル歌手の振り付けをただ繰り返すモノマネとも異なっているからである。つまり、二人の人間が生きている状況をも自分で作りだしていることから明らかなように、先に述べたような独り言をしながら遊んでいる時の子どもは、ある状況を生きている複数の人間の立場を取っているからである。

自我が確立する少し前のころから子どもが二人の人間のあり方へと自分を二重化することができることからすると、現実の状況において、一見すると自分の立場と相手の立場とを混同しているために誤用とみなされる言葉にも、誤用という説明によってはとらえそこなわれてしまう、子ども自身にとっての深い意味が含まれているのではないだろうか。というのは、複数の人間へと二重化されているあり方と、本来は相手が自分に語りかける言葉をそのまま自分が発することからは、他者の立場を現実に生きるという能力がこの時期の幼児にすでに備わっているのではないか、とも考えられるからである。

このように考えられるのは、経験的にもよく知られている、幼児の感受性の豊かさを感じさせてくれる、次のようなことからである。

・感受性の豊かさによる二重化

この時期にかぎられないが、子どもは、おとなの感情や気分のわずかな揺れ動きを感受してしまう。例えば、夫婦ゲンカをした後で、親が子どもの前でどれほどとりつくろおうとも、子どもは親の内心を見抜いて、「何かあったの？」と聞いてくる。あるいは、子どもの前で夫婦ゲンカが起こると、自分には直接関係ないのに、しかも夫婦のいずれもが泣いていないのに、子どもが泣きだしてしまう、ということもよく知られた経験知である。

しかも、この例において典型的となるのは、他の人間に生じていることが自分にはいまだ生じていないのに、あるいは、以後にも生じる可能性がないにもかかわらず、自分の身に生じているかのように感じてしまう、幼児の感受性の豊かさである。

例えば、幼稚園や保育所などで部屋ごとに集団検診がある時に、診察を実際に受けている子どもが平気でいるにもかかわらず、自分の番を待っている子どもが泣きだしてしまう、ということがしばしばある。それどころか、昆虫やカエルなどに近づいて、それと楽しく遊んでいる他の子どもの活動を離れた所で見ているだけなのに、見ている子どもの方が怖くなり、おとなの陰に隠れながら、こわごわと他の子どもの遊びを見ていたり、泣きだしてしまう、ということがしばしばある。このように、実際に何かが起こっている当事者である子どもは平気でいるにもかかわらず、それを見ている子どもだけが怖がったり、泣きだしてしまうことから、この時にはいわゆる感情の伝染が生じているのではないことがわかる。しかも、自分が昆虫やカエルに近づく可能性がまったくないにもかかわらず、怖がっていても、多くの場合、子どもはその場を離れることなく、成り行きをこわごわと見続けることが非常に多い。

こうしたことからは、先に述べた、かつて相手から語りかけられた言葉を自分でそのまま発してしまったり、独り言遊びで彼らのあり方が二重化されている時も含め、この時期の子どもは、実際には自分が生きていない他者の状況を自分から現実に生きることができるという、この時期の幼児の感受性の豊かさが明らかとなる。

そして、幼児の感受性のこうした豊かさが明らかとなることによって、以下で探るように、幼児の自我の確立にとって言葉がはたしている機能の重要性が導かれるのである。

・言葉と自我の確立

すでに探ったように、自我の確立以前の幼児は、おとなとのあいだで他者とお互いに融け合っている状態に基づくおぎない合う呼応によって、他者関係を生きているのであった。すなわち、メルロ゠ポンティと共に探ったように、他者とお互いに融け合っている状態とは、自分と他者とが、お互いにとって共有されている状況のなかへと融け合っているような未分離の状態のことであった（本書一一六頁）。そのため、我々おとなを含め、この時期の幼児の他者知覚においても、子どもの身体と他者の身体は対にされ、二つの身体でもって一つの行為を行なっているのであった（本書一一八頁以下）。そうである以上、一見すると誤用と思われてしまうこの時期の幼児の言葉の使い方は、例えば、自分が家に帰ってきた時に「オカエリ」と言ったり、他者に何かを差しだす時に「チョウダイ」と言ってしまうことは、二人の人間のあいだで生じていることを相手の立場から言葉にしていることになる。この時の幼児にとっては、自分の家に帰ってきたことと帰ってきた家族を迎え入れることとが相互に切り離されることなく、これら二つのことが融け合っている一つの出来事としてとらえられてしまっている。こうした一つの出来事が、たとえ相手の立場からであっても、幼児によって「オカエリ」という言葉が発せられることによって、二つの立場へと切り離されることになる。そうである以上、おとなからみると、幼児は言葉を誤用しているように思われても、子ども自身は、この言葉を発することで、それまでの他者とお互いに融け合っている状態から切り離される前段階にいたることになる。同様にして、独り言遊びにおける複数の人間への二重化も、それまでは共通の状況へと融け合っておぎない合うような仕方でおとなと共に生きられていた一つの出来事は、一方の人間の言葉と他方の人間の言葉として実際に発せられると、やはりそれら二人の人間のあり方へと切り離されることになる。

しかも、他者とお互いに融けあっている状態からのこうした切り離しのさいに、本来は相手の発すべき言葉を自分で発することが多いのは、自分の自我が子ども自身にとって明確に意識できるよりも、相手が自分とは異なる人格を備えていることを意識できるようになることの方が、この時期の子どもにとっては、より容易だからではないだろうか。というのは、すでに第5章で探ったように（本書一〇八頁以下）、他者とお互いに融け合っている状態を生きている時期には、親からの承認や不承認が子どもにとって非常に重要な役割をはたしているため、自分が何をしても、それが相手からどのように承認されたりされなかったりするかが、すなわち相手の振る舞いや言葉などが、子どもの活動や感情生活にとって重要になっているからである。こうしたことから、子どもの感受性の豊かさは、自分の感情や気分に対してではなく、あくまでも他者の感情や気分に対して豊かに発揮されることになる。このことからすると、子どもが他者とお互いに融け合っている状態から脱しようという移行期においては、お互いに融け合って一体となって生きられている状態を相手の立場から二人の立場へと切り離すことの方がはるかに容易であることが多いのではないだろうか。

経験的にも、一語文から二語文への移行期においては、「パパ、オフロ〔に入っている〕」とか、「ママ、ダイドコロ〔にいる〕」といったように、他者を主語として添えられるようになるのに対して、自分の場合には、「タベル」とか、「イラナイ」とか、「イク」といった主語を省いた動詞の終止形が多く使われる。それどころか、「ボク」や「ワタシ」といった一人称の代名詞の使用はかなり後になってからである。それまでは、自分のことは「○○チャン」と言うように、自分に対して相手の呼びかける言葉を自分自身を指し示す場合に使う。こうした言葉の獲得の過程も、子どもの場合には、先に述べたように、自分自身の自我が明確に自分に意識されるよりも、他者の人格の方が容易に意識されていることとの間接的な証なのではないだろうか。ひいては、多くの場合、おとなの方が、他者よりも自分の想いや感情や気分などに敏感であり、他者のあり方をないがしろにすることが多いのに対し、この時期の子どもには、自分よりも他者の想いなどを敏感に感知する感受性の豊かさが備わっているのではないだろうか。

以上で探ったように、子どもの場合には、まずは相手の側から発せられる言葉の方がより容易に獲得されるのは、それが子どものあり方に大きな影響を与えるからであり、それゆえ、子どもの心に強く刻みこまれるからであろう。するとこのことからさらに、おとなからみたいわゆる《汚い言葉》ほど、おとなの願いに反して、子どもは、たちどころに身に着けてしまう時の彼らのあり方が明らかになる。

・《汚い言葉》

初めて聞く言葉の子どもにとっての先に述べたような重要性は、典型的には、《バカ》という言葉に代表されるような、いわゆる《汚い言葉》の場合にとくに顕著となる。こうした言葉は、子どもに直接語りかけられるよりも、おとなや年長の子ども同士が使っているのを聞いて覚えることの方がはるかに多いであろう。それにもかかわらず、こうした言葉は、子どもにとって非常に強く心に刻みこまれるため、親や保育者のいないところでは、とくにしばしば使われるようになってしまう、ということはよく知られた経験知であろう。

こうした言葉が子どもの心に強く刻みこまれてしまうのは、この言葉を発しているおとなや年長の子どもの内面での想いがそのままこうした言葉となって、相手に発せられているからであろう。すなわち、メルロ－ポンティのいうように、この言葉を発している者の内面での言葉にならない沈黙の想いや感情が、この言葉を実際に発することで、一気に完成にいたることになる。《バカ》という言葉の場合でいえば、この言葉を発するまでに内面で渦巻いていた相手に対するもやもやとした憤りなどの感情が、この言葉を発することによって、相手を貶める感情として完成されることになる。そのため、フッサールのいうところの告げ知らせとしても、相手に対する非常に大きな影響力を備えていることになる。すなわち、この言葉を発する瞬間には、それまではもやもやしていた沈黙の想いなどが、その沈黙を破って、一気に外に吐きだされることになるため、それだけ一層相手に対する影響力も増し、相手の心を強く揺さぶることになるのであろう。

以上のことからすると、子どもは、自分に対してこうした《汚い言葉》が発せられる時には当然であるが、他者が他の人間にこの言葉を発しているのをそばで聞いている時にも、汚い言葉が発せられるさいのもやもやとした内奥の沈黙が現実に発せられた言葉として完成にいたることによる、いわゆる《すっきりとした》想いと、相手に対する影響力の大きさを感じ取るのではないだろうか。もしもそうだとすると、親や保育者の立場としては、ポジティヴには認めがたいとしても、こうした汚い言葉を発するようになることは、子どもの感受性の現われの一つとみなせるのではないだろうか。

以上、本章では、幼児期の子どもにとっての言葉がどのような機能をはたしているかを、言葉に対する彼らの感受性の豊かさと自我の確立との密接な関係に関わらせて探ってきた。次章では、ここまで本書で探ってきたことの多くが集約された仕方で顕在化されている、幼児の遊びについて探ることにしたい。

(1) 自我の確立についてのさらに詳しい考察は、中田(二〇一一b)第三章と第四章を参照。

第9章　遊　び

本章でしばしば引用することになるフィンク（一九〇五－一九七五）のいうように、「小さい子どもの場合には、遊ぶことは明らかに生を純粋に遂行することである」（Fink, 1960, S. 32, 一二頁）以上、遊びが幼児にとって最も重要な生の営みであることについては、誰もが認めるであろう。さらに、幼児の遊びは、彼らの感受性や創造力の豊かさが顕著に発揮される活動でもあり、しかもそれらの豊かさには我々おとなには失われているものがかなりある、ということも特筆すべきであろう。こうしたことから、幼児教育について語ることは、幼児の遊びについて語ることになる、といっても決して過言ではないほどである。こうしたことから、本章ではとくに紙幅を割いて、幼児の遊びについて探ることにしたい。

その前にことわっておきたいが、遊びについての先行研究としては、すでに古典として、ホイジンガー（一八七二－一九四五）とカイヨワ（一九一三－一九七八）とアンリオ（一九二二－一九九七）による体系的な研究があげられる。しかし、本書では、彼らについては、取りあげないことにしたい。というのは、これら三人の思想家についてはすでに多くの研究がなされているという、研究上の重複を避けるという理由があるからだけではない。さらに、彼らの研究は、以下で詳しく探られるような、遊びにおける個々の子どものあり方を探るには多くの不十分さを備えているからである。そのため本章では、現象学の立場から、これら三人の考察の問題点を克服しつつ、フッサール現象学の枠内で世界の象徴としての遊びについて思索しているフィンクと、ハイデガー（一八八九－一九七六）哲学をある程度引き継ぎながらも、独自の解釈学を展開するなかで、芸術作品との関係を考慮しながら、遊びについて思索しているガダマー（一九〇〇－二〇〇二）を導きとして、現実の子どもの遊びについて探っていくことにしたい。

それゆえ本章では、第2章で実存に基づく教育研究の具体例として描いておいた（本書四八頁以下）、哲学の言葉や文章を介して現実の子どものあり方をとらえるのと同様の仕方で、子どもの遊びをとらえることになる。すなわち、現象学の言葉や文章に出会わなければみえてこないような子どもの遊びの本質や、実際に様々な遊びをしている個々の子どものあり方を探ることにしたい。このことにより、本章が、子どもの遊びについて探るための現象学に基づく教育研究の一具体例ともなることをめざしたい。(1)

本章ではこうした観点から子どもの遊びについて探ることになるため、まず第1節で、遊んでいる者にとっての遊びのあり方とその本質とをまず探ることにする。というのは、子どもだけではなく、おとなにとってさえ、遊びは、他の生の営みとは異なった独特の両義性ゆえに、遊んでいる者のあり方を豊かで深さを備えたものにしてくれるからである。この両義性が、遊びの奥深さに通じており、遊ぶ者を魅了し、遊びの虜にするからである。そのうえで第2節で、幼児の遊びについて探ることにしたい。遊びの両義性についてまず探ったうえで幼児の遊びについて探るのは、幼児は、我々おとなには失われてしまった豊かな想像力によって創造された遊びの世界を、彼らに独特の仕方で生きることができるからである。いわば遊びのプロとも呼べる幼児の遊びについて探ることによって、遊びの本質がより一層明らかになるはずである。

第1節では、遊びにおける両義性を、遊びの外的な意味と内的な意味、軽やかさと真剣さ、自由と拘束、閉じられていることと開かれていること、現実の時間からの切り離しと凝縮された現在、生成と消滅、遊具の両義性、という観点に即して探っておくことにする。そのうえで最後に、幼児とおとなにとっての両義性が異なることを示しておくことにより、第2節で幼児の遊びについて探るさいの導入としたい。

第1節　遊びにおける両義性

遊びにおける両義性について探る前に、まず考慮しておきたいのは、通常は逆の関係にあるように思われている、遊びの内的な意味と外的な意味についてである。

•内的な意味と外的な意味

遊びがどのような意味をもっているかは、一見すると、遊んでいる者によっているように思われる。例えば、我々は、「今そんな遊びをしても、自分には何の意味もない」といった言い方をすることがある。しかし、おとなであるか子どもであるかにかかわらず、遊んでいる者は、遊びの意味を自分で勝手に決めることはできない。どのような遊びでも、それが遊ばれるためには、どう遊ばれなければならないかを知っていなければならない。このことは、初めてある遊びをしようと思えば、遊び方を誰かに学ばなければならないことからも、間接的に窺える。あるいは、鬼ゴッコのように集団で遊ぶ場合には、遊び方についての合意がなければ、遊びは成立しない。トランプ遊びのように、たとえ一人で遊ぶ場合でさえ、遊び方を知らなければならないのであり、例えば、遊んでいる途中で、自分の都合のいいようにと、遊びのルールを勝手に変えることはできないのである。

こうしたことから、遊ぶ者にとっての遊びの意味を超えた、個々の遊びに固有の意味が遊びの本質となっていることがわかる。それゆえフィンクは、前者の遊んでいる者にとっての意味を遊びの「外的な意味」と、後者の遊びそのものに固有の意味を「遊びの内的な意味」と呼び、後者の意味を遊びの本質とみなしている（Fink, 1957, S. 20, 三八頁）。そして、遊びの本質がこうした内的な意味にあることから、以下で探るように、遊びに特有の様々な両義性が導かれることになるのである。

•軽やかさと真剣さ

遊びが、遊んでいる者を夢中にさせ、遊びに没頭させてくれるのは、人間の現実的な生の営みから、それゆえ、時には自分の生を維持するために要求される現実の重さから、遊んでいる者を解放してくれるからである。どのような遊びも、いわゆる現実の生活の重さを忘れさせてくれ、誰をも楽しい気分にさせてくれる。こうしたことから、遊びには「軽やかさ」が本質的に備わっていることを強調したうえで、フィンクは、遊びにおける「創造的な充実や湧きでる豊かさや汲みつくすことのできない魅力の……息吹」(Fink, 1957, S. 11, 五頁) について言及している。

フィンクのこれらの言葉からは、遊びが現実の生活の重さから遊んでいる者を解放してくれるだけではなく、創造性と豊かさが遊びに備わっていることが窺われる。

たしかに、最近では、子どもだけではなく、おとなさえも、いわゆる電子ゲームに熱中している姿がよくみられる。こうした遊びに夢中になっている者の姿をみると、我々は、遊びの創造性よりも、ゲームという狭い世界に閉じこもっている者の閉鎖性を強く感じてしまう。こうした閉鎖性は、遊びに特徴的なたんなる繰り返しによって、より一層高められる傾向がある。閉鎖性の度合いが高められると、一緒に遊んでいない者の侵入を許さないほどの頑な鎧を着ているかの感を、第三者にいだかせる場合もある。そのため第三者には、遊んでいる者が遊びに取りこまれ、忘我の状態にあるように思われてしまう時もある。しかし遊んでいる者自身は、本当に我を忘れているのではない。他人を受けつけないほど自分の行為に夢中になっているため、つまり、あたかも夢のなかにいるかのように、現実の世界から遮断されているため、現実の世界に残されている者との交流が不可能になっているだけである。

しかし、ゲームに夢中になっている者の多くには、後に探ることになる幼児の遊びの代表であるママゴト遊びや砂遊びなどと比べ、創造性や豊かさがみられない。そこで、遊びに備わる想像力と創造力の豊かさの観点から、遊びといわゆるゲームとを区別することにしたい。というのは、おとなからみると、遊びのパターンにのっとってたんなる繰り返しが生じているだけでしかないように思われても、本来の遊びには、「それに独特の創造的な形成の大いなる喜び」(a.a.O., S. 19, 同書三六頁)が備わっているからである。

たしかに、ゲームにおいてと同様、本来の遊びにおいても、遊ぶ者の没頭がみられる。というのも、遊びは、「遊ぶ者をいわば自分に没頭させ、そのため、……現実のあり方に備わる緊張を強いるような……課題を取り除いてくれる」(Gadamer, S. 100, 一五〇頁)からである。遊びの目的がはたされるのは、遊んでいる者が遊びに没頭することによってであるからである。しかもゲームとは異なり、本来の遊びは、軽やかさをもたらしてくれるのであり、遊んでいる者は、想像の世界の主体としての自分の自由を感じることができるのである。

以上で探ったように、遊びは、遊んでいる者を現実の世界から一時的に身を引かせることによって、現実の生活で課せられている課題をうまくやりこなすために必要な緊張感から解放してくれる。そのため、フィンクと同様ガダマーも、遊びは、現実の重さとは対照的に、「軽やかさ」をともなうと同時に、我々を「自分自身に没頭させて」くれる(ebd., 同所)、という。遊んでいる子どもの表情は明るく軽やかなものとなるし、彼らの世界も明るく軽やかなものになる。また、明るく軽やかな子どもの遊びを眺めているおとなも、明るく軽やかになる。

しかし他方では、遊びが我々を没頭させるのは、ガダマーのいうように、「遊びが遊んでいる者に対する支配者となる」からであり、「遊びとは、遊んでいる者を魅了し、遊びに取りこみ、遊びのなかに引きとどめるものである」(a.a.O., S. 102, 同書一五二頁)からである。そのため、遊んでいる者の振る舞いや表情には、明るさや軽やかさが認められる場合があると同時に、遊びに没頭したり、魅了されることにより、遊びの世界以外から遮断された閉鎖性がただよう場合がある。

こうしたことから、一方では明るく軽やかなはずの遊びは、他方で同時に、遊んでいる者に真剣さを要求する。ガダマーのいうように、「遊ぶこと自体には、独特の、それどころか神聖な真剣さが潜んでいる」(a.a.O., S. 97, 一四六頁)のである。

遊びが遊んでいる者を魅了しながらも、遊んでいる者に真剣さを要求するのは、遊びには、たとえほんのわずかではあっても、遊んでいる者の予想をくつがえす可能性が潜んでいるからである。たとえ一人で遊んでいても、遊びには、その遊びの行為に対応してくれる相手が必要となる。例えば、砂場で遊んでいる子どもにとっての砂は、子どもの遊びの相手として、子どもの予想を超えて現われてくる。そのため、遊んでいる者は、予想を超えた現われにうまく対応することに神経を集中しなければならない。ガダマーのいうように、遊びにおいては、「遊んでいる者と一緒に遊んでくれる別のもの〔＝者や物〕が、つまり遊んでいる者の一手に対してその方からの逆襲の一手でもって応えてくれる別のものが、常に現に存在していなければならない」(a.a.O., S. 101, 同書一五一頁)。そのため、遊んでいる者の表情は、遊びに集中している真剣なものとなる場合がかなりある。それどころか、遊びは真剣に遊ばれないと、遊びの内的な意味が失われ、遊びが成立しなくなることさえある。事実、子どもは自分だけが真剣に遊ぶだけでは満足しない。彼らと一緒に遊んでいるおとなが真剣に遊んでくれないと、彼らは、そうしたおとなの内面を鋭く見抜き、真剣に遊んでくれることをおとなに要求するか、遊びをやめてしまう。

それまでの人間関係から、親や保育者に対しては子どもからのこうした要求がさほど強く顕在化することはそれほどないが、教育実習生や親戚の若い叔母や叔父に対しては、幼児のこうした要求はかなり強くなる。こうした時の幼児は、遊びの相手に真剣さを求めるあまり、例えば、「こうしなければいけないの!」といった要求をおとなに突きつけることがしばしばある。そうするのは、遊びの相手であるおとなを支配したいからではなく、遊びの世界では《こうするべき》とか、《こうあるべき》といった遊びの本質を子どもが熟知しているからであり、こうした本質は遊びが真剣に遊ばれないと達成されない、ということもよく知っているからである。子どものこうした振る舞いからは、先に述べたように、遊びの意味は遊ぶ者に依存しているのではないため、遊びの内的な意味が実現されないと、本来の遊びとはならない、ということが改めて明らかになるのである。

遊びにおける真剣さをもたらすところの、遊びの相手の逆襲の一手がどのようなものであるかは、遊びの相手が人間である場合に、容易に明らかとなる。この場合には、一緒に遊んでいる相手が真剣に遊んでいればいるほど、その相手がどのようなことをしてくるかに関して予想がつかなくなる。そのため、実際になされた相手の行為にそのつどうまく対応する真剣さがより一層求められる。と同時に、この真剣さが遊んでいる者を遊びに没頭させてくれる。そのため、子ども同士が真剣に遊んでいる時には、この真剣さゆえに、しばしばケンカにいたることになる。しかしだからといって、ケンカをしても、多くの場合、幼児同士の仲が悪くならないのは、遊びの本質が自分たちの真剣さによってのみ実現されることをお互いによく知っているからである。幼児は、ケンカになるほど相手の子どもが真剣に遊んでくれていることをも、お互いに感じ合っている。それゆえ、幼児同士の場合にはとくにそうであるが、一緒に遊びたくなくなるのは、遊び方に関してケンカが生じてしまう時ではなく、相手が真剣に遊んでくれなかったり、遊びの本質が実現されるための遊びの意味やルールなどが無視される場合の方がはるかに多いのである。

すなわち、一緒に遊んでいる者が真剣に遊んでくれないと、遊びはいわゆる《台無し》になる。遊びを支えている基盤がとり除かれてしまうことにより、遊んでいる者は、支えのない状態に陥ってしまい、苛々した感情にかりたてられる。(2) ガダマーの言葉を使えば、「遊び〔は〕そこなわれる」(a.a.O., S. 101, 同書一五二頁) ことになるのである。

遊ぶ者が熟知していなければならないのは、何よりもまず遊びの規則についてである。遊びが本来の遊びとなるためには、それがどう遊ばれなければならないかという、遊びの規則が遊んでいる者を拘束していなければならない。しかもこのことは、規則を守らないと遊びが成立しない、という必要条件としてだけではなく、規則が遊びに予想不可能な事態を可能にしているため、さらには、遊びに没頭するためのいわば十分条件でもある。このことから、遊びに備わる自由と拘束という両義性が、つまり遊びにおける遊ぶ者の主体性による自由と規則による拘束という両義性が導かれることになる。

・自由と拘束

たしかに、遊ぶ者は、自分が楽しむために遊ぶ。つまり、遊びは、誰か他の人のために遊ばれるのではない。このことは、子どもの遊びにおいて典型的に明らかとなる。子どもは、自分のために遊んでいるのであり、誰かのために遊ぶのでもなければ、誰かを楽しませるために遊ぶことがほとんどない。そのため、たとえどれほど単純で簡単な遊びに思われようとも、また同じ遊びの繰り返しとしか思えなくても、遊びにおいて、子どもは自分の主体性を生きられることになる。

こうして生きられることになる主体性は、遊びにおいてたんに自分の気持ちにしたがって何らかの活動をしたり、そのつどの行為を自分の意志で選択しているといった、遊んでいる者のいわゆる自発性を意味しているだけではない。遊びにおける主体性は、それまでの現実的な生の流れから解放されて、遊びのために整えられた場を自由に生きることを意味しているだけではない。さらには、遊びのなかで生じた結果さえをも、遊びが終わればすべてなかったことにできるということも、遊んでいる者の主体性に含まれているのである。

そのため、遊ぶ者は、遊びが終わった後の現実の生活に対する責任も負うことがない。フィンクのいうように、「遊びは一時的に我々の行為の歴史から我々を引き離し、……我々が楽しく体験するという無責任さを我々に与え返す」(Fink, 1960, S. 215, 三〇八頁)のである。遊びが本来の遊びであるかぎり、たとえ勝敗がつけられる遊びの場合でも、遊びの勝者も敗者も、遊びの結果によって以後の現実の生活に対する影響を受けることはない。このことからすれば、いわゆる賭け事やギャンブルは、本来の遊びでは決してないのである。

例えば、鬼ゴッコでは、鬼が代わるたびに、遊びのなかでの役割が交替し、再び同じ遊びが繰り返されることになる。しかも鬼のこうした交替でさえ、一連の遊びのなかの一つの活動であり、鬼の交替は遊びの目的でも終わりでもなく、その時点で鬼ゴッコという遊びが再び繰り返されることになる。すなわち、「遊びの運動は、そこで〔遊びが〕終わってしまうような目的をもたず、むしろたえざる繰り返しによって更新され続ける」ため、遊びの「終わりに固定されることのない、あっちに行ったり、こっちに来たりする運動」が生じているだけなのである(Gadamer, S. 99, 一四八頁)。それゆえ、遊びの結果が以後の行為に影響を与えそうになった時点で、遊びにおける繰り返しは終わってしまう。すなわち、遊びは終わってしまうのである。

例えば、鬼になってしまう子どもが固定されることによって、その子どもや他の子どもが飽きてしまうことは、そのつど更新されなければならないある時点における繰り返しの一つの結果が、次の繰り返しに影響を与えていることを意味している。それゆえ、どれほど単純な繰り返しによって遊びが成りたっていたとしても、遊びが楽しく遊ばれるためには、個々の繰り返しの結果は、そのつど更新されることにより、次の繰り返しに対して影響しないことが必要である。遊びは、何らかの明確な結果にいたるという目標を備えてはいないのである。鬼ゴッコの場合で述べれば、次の鬼を決めることが目的となっているのでもなければ、鬼にならないためにいつまでも逃げ続けることが目的となっているのでもなければ、鬼が他の子どもを捕まえることだけが目的となっているのでもない。それゆえ、遊びに夢中になっている者は、どれほど遊びが繰り返されても飽きることはなく、また、どれだけ遊んでも、さらに遊び続けたがる。ガダマーのいうように、遊びとは、様々な人間や出来事が「そのなかで多様な仕方で交替しながら変化していく統一的なプロセス、あるいは光景」（ebd., 同所）でしかない。そして、こうしたプロセスとして遊びが遊ばれるため、鬼になった子どもや鬼に追いかけられる子どものそれぞれには、鬼ごっこが繰り返されるための課題が与えられているため、遊びは、遊ぶ者の主体性をもって自由に遊ばれるにもかかわらず、遊びの本質によって、拘束され続けなければならないのである。

・閉じられていることと開かれていること

遊びが現実の世界から遊ぶ者を切り離してくれるため、遊ばれている場は、物理的には現実の空間内にあっても、遊びの世界としては、現実の空間からは切り離されており、遊びのためのいわば神聖な場となっている。例えば砂場は、公園とか幼稚園や保育所の園庭に備えられていても、そこで砂遊びをしている子どもにとって、その子どもが砂で遊んでいる砂場の一部は、周りの空間から切り離されている。子どもは、かぎられた空間内で、例えば砂山を作っている以上、その砂山で遊ぶための妨げとなる他人の侵入を拒もうとするのである。

あるいは、カクレンボにおいて典型的なように、カクレンボが行なわれている場は、現実の日常生活のための様々な道具や家具や備品が配置されている場所とは異なった意味をもつようになる。例えば、机や押し入れは、本来その上で書きものをしたり、布団などをしまっておくための道具や家具としての意味を失い、自分の身を隠すための物へと変化してしまう。しかも、カクレンボが適切に行なわれるために、隠れる場所はある程度限定された範囲内にかぎられている。そのため、その範囲を大きく逸脱してはるか遠くに隠れることは、たしかに暗黙の了解によるとしても、許されないことが、子どもに十分に理解されている。この範囲内でカクレンボが行なわれるかぎり、カクレンボが遊ばれる空間は、その他の空間から区別され、限定されている。こうしたことから、ガダマーは、「遊びの場が限定されていることが、……閉じられた世界としての遊びの世界を、目的をともなう〔現実の〕世界との〔あいだでの〕移行や〔その世界との〕折り合いなしに、この世界と対立させるのである」(Gadamer, S. 102, 一五三頁)、というのであろう。

遊びに参加している者がこうしたことをお互いに了解しているということは、遊んでいる者同士が、遊び仲間という「遊びの共同体」(Fink, 1957, S. 20, 三九頁)を形成している、ということを意味している。すなわち、遊びのルールを熟知していたり、遊ぶ場が限定されていることをお互いに了解し合っている者同士が、共同して遊ぶことができるかぎり、遊びの世界は、そうした者同士によってのみ開かれてくるのである。すると、遊んでいる者は、一緒に遊んでいる者たちの一人となっており、個々の活動は、そうした者たちの活動のなかの一つの活動となっていることになる。経験的にも、子どもの遊びは、子どもの社会性を育む、といわれているのも、こうしたことからであろう。

以上のことから明らかになるのは、遊びについての知識がもはや個人的なものを超えて、共同化されていることを意味している、ということだけではない。さらには、「遊ぶことのなかで我々は、仲間との共同の触れ合いを特別な強さでもって確信している」(a.a.O., S. 12, 同書一〇頁)、ということも明らかになる。そして、このことが、遊びによって形成される共同体の閉じられた結束力を生みだしているのである。

しかし、遊ぶ場が遊んでいる者だけに閉じられていても、他方で、遊びの世界は、その遊びを見ている者にとって開かれてくる。事実、一人で遊んでいる子どもも、大勢で遊んでいる子どもたちも、親や保育者などの親しいおとなに見られていると、より真剣に、しかもより楽しく遊ぶことができる。このことをふまえたうえで、ガダマーは、「むしろ〔遊びを〕見ている者に向かって開かれていることが、遊びに完結性を与える」ため、遊びを「見ている者は、遊びをまさに遊びたらしめているものを司っているのである」(Gadamer, S. 104, 一五六頁)、という。このことは、遊びは、それを見ている者によって、より充実した完成度の高いものへと展開する、ということを意味する。

子どもは、例えば滑り台から滑る姿をおとなに見てもらうことによって、自分にとって最高の滑り方をしようとする。「遊びは、それを見ている者のなかで、いわばその理想性へと高められる」(a.a.O., S. 105, 同書一五七頁)。というのも、本来はあてどない繰り返しとして展開していた遊びは、それを見ている者によって、この繰り返しにいわば一定の完結性を与えてくれるからである。子ども自身も、このことによりあてどない遊びの繰り返しが完結することによって、満足感をえることができる。例えば、保育所や幼稚園では、自由遊びの時間が終わり、お片づけや給食の時間がきても遊びをやめたがらない子どもがいる。しかし、こうした子どもでさえ、「先生が見ていてあげるから、もう一回やって、それからお片づけをしようね」と言われ、その遊びをおとなによって実際に見守ってもらうことにより、満足して遊びを終わらせる、ということがかなりしばしば生じるのである。

このことは、遊びの世界が遊んでいる者のなかに閉じられているにもかかわらず、遊びを見てくれる観客に対しては開かれている、ということを意味している。この場合には、先に述べた、遊びの世界に取りこまれて、現実の世界から遮断されている場合とは異なり、遊んでいる者は、遊びの世界に閉じこめられておらず、外の世界にも開かれている。こうした時には、多くの場合、遊んでいる本人だけではなく、それを見ている者にもいわゆる健全な笑いが生じることからしても、明るい軽やかさがともなうのである。

以上で探ったように、遊びの世界は、本来閉じられているにもかかわらず、それを見守る者によって、外の世界へと開かれてくる、という両義性を備えているのである。そして、遊びの時間も、やはり両義性を備えているのである。

・現実の時間からの切り離しと凝縮された現在

たしかに、遊びは、個々の繰り返しの内部では、ひとまとまりとなった一連の活動の目的を備えている、例えば、トランプ遊びでは、一連の操作が最後まで完結することがめざされる。カクレンボでは、隠れている子どもを見つけたり、鬼ゴッコでは、鬼に最初に捕まることは避ける、といったことがめざされている。しかし、こうした目的は、日常世界の現実的な時間の流れから切り離された時間のなかでめざされる。それゆえ、遊びの開始は、日常世界の現実の目的から切り離されているだけではない。遊びの結果も、日常世界の現実に何の影響も及ぼさない。遊びが始まると、その遊びの世界のなかで個々の活動が、遊びの内的な意味にかなうような仕方で、一つずつ実現されることになる。それゆえフィンクのいうように、「遊びの行為は、ただ内的な目的を備えているだけであり、それを超える目的を備えてはいない」(Fink, 1957, S. 18, 二八頁)。するとこの点においても、本来の遊びは、現実の日常生活に大きな影響を及ぼす賭け事やギャンブルとは決定的に区別される。本来の遊びは、遊んでいる現在の時間だけに閉じこめられている。遊びは、現実の日常生活における過去の出来事と未来に生じるであろう出来事から切り離され、それらとは不連続なために「安らかな現在と[その現在に]自足している意味をもっている」のである(a.a.O., S. 18, 同書二七頁)。

遊びにおける時間が、このようにいわば現在に凝縮しているため、そこでの時間は、現実の時間とはまったく異なる流れ方をする。遊んでいる者にとっての時間は、あたかも流れることをやめたかのように感じられ、現在にとどまり続ける今しか存在していないかのようである。そのため、遊んでいるあいだの時間は、瞬く間に流れ去り、遊びが終わった時には、「これほど時間がたっていたとは」、といった時間の流れの速さを事後的に感じるだけとなることがしばしばある。しかし、だからといって、本来の遊びにおいては、賭け事やギャンブルをしている時間が事後的にはむなしく感じられるのとは異なり、遊んでいた時の時間は、現在に凝縮していたことにより、厚みを備えている。凝縮された現在にとどまりながら夢中になって遊んでいた子どもにとっては、例えばお片づけの時間になると、時間が突然流れだし、遊びの時間から引き戻され、遊んでいた時間は流れ去ってしまう。しかし、そうであるからこそ、流れ去った遊びの時間は、それだけより一層充実感をともなって子どもの心に深く刻みこまれ、意義深い想い出となるのであろう。

以上で探ったように、遊びにおける時間は、現実の時間から切り離され、現在だけにとどまり続けるが、遊んでいるあいだの時間は、凝縮された現在として、遊びに独特の時間感覚によって色濃く彩どられることになるのである。

そして、遊びにおける時間のこうした両義性は、遊びに特徴的な生成と消滅という両義性を備えることになる。

・生成と消滅

遊びが生成と消滅という両義性を備えているのは、遊びはいつかは終わるからである。あるいは、ある時点で終わらせなければならないからである。遊びが終われば、その結果は、現実的な日常生活の空間と時間に戻らなければならなくなる。そのため、遊びが終われば、何も残らなくなったり、完成にもたらされたものは、例えば砂山のように、壊されるか、現実の日常世界のなかの物に、例えばたんなる砂の塊に戻されてしまう。鬼ゴッコの鬼も、現実の子どもに戻されてしまう。それゆえ、フィンクも引用しているように、ニーチェ（一八四四－一九〇〇）も、次のようにいうのであろう。すなわち、「この世界のなかでは、ただ芸術家と子どもの遊びだけが、どのような道徳的責任もなしに、永遠に等しい無垢のなかで、生成することと消滅することや、建設することと破壊すること〔という相反する両義性〕をもっている」（Nietzsche, S. 176, 四一一頁／vgl. Fink, 1957, S. 28, 六九頁参照）、と。

たしかに時には、翌日も続けて遊びたいため、遊びで作った例えば砂山をあえて残しておきたがる子どももいる。しかしそうした子どもも、いつかはその砂山を自分で壊したり、誰かが壊すことに何の抵抗もしなくなる。それどころか、他の子どもが作った砂山を壊そうとすることを楽しむ子どももいる。あるいは、自分で作った砂山を壊すことを喜ぶ子どもさえいる。このように、遊びにおいては、ニーチェのいうように、破壊さえもが遊びなのである。そして、破壊が道徳的責任を負わなければならないのは、遊びの成果がまだ未完成な場合であり、誰かによって完成にもたらされるまででしかない。そのため、例えば、きめ細かい土で丹精をこめて泥団子を作り、それを大事に保存するならば、それはもはや遊びではなく、作品を生み出し、それを現実の生活のなかにおき入れることになる。

このように、遊びが生成と消滅という両義性を備えているのは、生成されたり消滅することになる遊具が使われるからである。そして遊具自体もまた、そのあり方に即した両義性を備えているのである。

・遊具の両義性

子どもでもおとなでも、またどのような遊びでも、遊びは身体でもって遊具を使うことにより遊ばれる。たしかに、例えばジャンケンをすること自体で遊んでいる子どもは、物としての遊具を使っていない。しかしこの場合には、グーやチョキやパーをだしている手のひらが身体の一部であると同時に、遊具にもなっているだけであるため、手のひらはやはり遊具として機能している。鬼ごッコのように遊具が使われていない場合にも、鬼がタッチする時の鬼の手は、やはり遊具としての機能をはたしている。また、最近はあまりみられなくなったが、オシクラマンジュウでは身体全体が遊具となっている、といえる。

このように、身体が遊具として機能している場合も含め、身体を動かすことによる快感も遊びの面白さを倍増させている。というのも、フィンクのいうように、遊びにおいては身体を使うこと自体が、「四肢を解き放つ運動の喜びから湧きあがってきて、強められた身体意識や感覚的な身体の喜びを引き起こす」（Fink, 1960, S. 90, 一〇八頁）からである。

身体が遊具として機能する場合には、身体の動きや動作や使い方に、その遊びに特有の意味が付与されることになる。例えば、ジャンケンにおいては、グーはチョキに勝つといった意味が、手のひらの形に付与されることになる。鬼ゴッコにおける鬼の手は、逃げる者に触れると、鬼に捕まったことを意味する、などである。このように、「独自に生みだされた〔遊びの〕意味が身体的な運動にふさわしいところで、我々は遊びについて初めて語ることができる」（Fink, 1957, S. 20, 三八頁）のである。

すると、身体が遊具として機能している場合でも、物が遊具として機能している場合でも、いずれの場合においても、遊具は遊びに欠かせない重要な要素であることになる。そうであるのは、遊具が現実の身体の動きであったり、遊具という物が現実の物体であると同時に、それらは、遊びの世界では、その遊びに特有の意味を備えているからである。しかも、遊具が遊びの世界で備えている意味は、現実の世界のなかで備えている意味とはまったく異なっている。それにもかかわらず、遊具が身体の現実的な動きによって使われる以上、遊具はこの二つの意味を同時に備えているのである。例えば、ジャンケン遊びにおいて、手のひらの形は、現実の世界ではこぶしであると同時に、遊びの世界では、チョキに勝ちパーに負けるという意味を付与されている。遊具のこうした両義的なあり方は、後に詳しく探るように、模倣と象徴が重要な役割をはたしているママゴト遊びを典型とする、ゴッコ遊びにおいて顕著となる。例えば、現実には土の塊がオママゴトではハンバークとなる。遊んでいる者は、自分の身体や遊具を使っているかぎり、それらが実際にそこに組みこまれている現実の世界を生きることによって、現実の遊具を使いながら、その遊具に遊びの世界に特有の意味を与えているのである。例えば、泥を使ってクッキーを作っている子どもは、自分の身体と泥という現実の物を使って、遊びの世界でのみそうみなされるクッキーを作っている。それゆえフィンクも、遊具の「本質は、その魔術的な特性に潜んでいる」とし、「遊んでいる子どもは、二つの次元のなかで生きている」(a.a.O., S. 22, 同書四四頁)、というのであろう。

するとここにおいても、本来の遊びと電子ゲームとの違いが明確になる。電子ゲームにおいては、たしかにゲーム機を操作するための身体運動や、とくに身体能力が重要な役割をはたしているであろう。しかし、本来の遊びとは異なり、身体自体は遊具としての機能をはたすことはなく、あくまでもゲーム機が遊具である。しかも、そうしたゲーム機自体には、そのゲームに特徴的な意味が付与されていない。ゲーム機には、画面を操作する機能が備わっているが、だからといって、それらの操作と画面上で展開されていることとのあいだには、意味上の対応がない。たしかに、ストーリーを展開していくゲームの場合には、遊びの世界と同様、ゲームの世界も想像の世界であろう。しかし、ゲームの場合には、遊びにおける想像の世界とは決定的に異なり、ゲーム機としての遊具自体には、現実の世界と想像の世界とでまったく異なる意味を付与されているという両義性が備わっていない。そして、次節の最後で詳しく探るように、まさにこの点において、本来の遊びの場合に展開される創造力と想像力の豊かさと深さが、電子ゲームの場合にはほとんど認められない、ということが明らかとなるのである。

そこで、次節では、遊びにおいて本質的な役割をはたしている模倣と想像に焦点を当てながら、子どもが遊んでいる時の彼らのあり方の豊かさと深さの本質に迫りたい。ただしその前に、子どもにおける遊びの本質を際立たせるためにも、遊びにおけるおとなにとっての両義性と子どもにとっての両義性の違いについて探っておくことにする。

・幼児とおとなにおける両義性の違い

おとなの遊びにおける両義性について探る前に、まず確認しておかなければならないのは、そもそも我々人間の生は両義的である、ということである。このことをフィンクの言葉で補足すれば、人間における両義性は、「人間が〔外部に〕晒されていると同時に、〔内部に〕隠されてもいる」(Fink, 1957, S. 16, 二二頁)、というところにある。そして、「〔外部に〕晒されていることと〔内部に〕隠されていることとの交錯によって、自分による自分自身への常に緊張した関わり」が生じていることが、「両義的な仕方で謎めいている」人間本来のあり方となっているのである(ebd., 同所)。人間は誰でも、他人には悟られたくない内面の秘めたる想いを携えており、このことがいわゆる《人間味》と《人間臭さ》といった両義性に彩どりを添えさせているのである。それゆえこうした両義性は、おとなの生き方に微妙な影を落とすことになる。そして、生き方におけるこの両義性は、おとなの遊びにおけるいわゆるリスクの魔力にもつながっているのである。というのは、たとえ勝ち負けが争われない遊びにおいても、潜在的にはこの両義性が遊びの背後に控えているからである。

例えば、一人でトランプ遊びをしている時には、そのつどのカードの現われに対して、私は常に何らかの決断をしなければならない。しかも、そのつどの決断においては、少なくともわずかのリスクがともなう。複数の選択肢のなかの一つを選ぶことを決断すれば、その結果は私が望んでいるものにはならないのではないか、というリスクがあるからこそ、私はそのトランプ遊びに夢中になれる。遊びが「遊ぶ者に及ぼす遊びの魅力は、まさにこのリスクのうちに潜んでいる」(Gadamer, S. 101, 一五二頁)、とさえいえるのである。

それどころか、どれほど他愛のない遊びでさえ、先に述べたような遊びの時間に特有の凝縮された現在ゆえに、遊びに没頭すると、「パニックのような自己放棄という暗黒の激情的〔〔=ディオニュソス的〕〕な契機」(Fink, 1957, S. 24, 五一頁) の虜になる、という可能性からも完全には逃れられない。このことは、おとなが例えば遊興に耽る場合に、典型的に明らかとなるであろう。

他方、幼児の場合の両義性は、異なった仕方で現われることになる。

幼児は、おとなのような、外部に晒されていることと内部に隠されていることという両義的なあり方にはいまだいたっていないため、幼児の遊びにおける両義性は、おとなとは異なったものとなる。というのも、フィンクのいうように、「子どもの遊びは、おとなの遊びよりも無邪気であり、背後に隠れることもより少ない」からであり、「子どもは、まだ仮面の魅惑をほとんど知らない」

ため、「無心に遊ぶ」(a.a.O., S. 15, 同書一八頁) からである。

たしかに、自我が確立すると、いたずらが楽しいため、策略をもっておとなや他の子どもにいたずらをするようになる。しかも、彼らはいたずらをすると叱られることを十分に承知したうえで、いたずらをする。いたずらが彼らにとって遊びとなるのは、いたずらという彼らの行為に対しておとなから逆襲の一手が加えられること自体が、いたずらに備わるリスクとして、いたずらをすることの喜びとなるからである。すると、幼児が遊びとしていたずらをしている時には、おとなの場合のように、外部に晒されていることと内部に隠されていることという両義的なあり方が備わっているのではなく、叱られるというリスクをともないながらも、そうしたリスクをあえて犯すという両義性に楽しみをみいだしている、ということになる。

あるいは、カクレンボ遊びをしている時の子どもたちにとっては、鬼に見つけられないことだけがめざされているのではない。見つけられた時の子どもの楽しそうな笑顔からしても、彼らは見つけられる楽しさを知っているからこそ、あえて見つからないような所に隠れるのである。鬼ゴッコにおいても、やはり鬼に捕まること自体が楽しさとなっているからこそ、あえて鬼から逃げるのである。砂場で砂山を作っている時には、うまく砂を積み重ねないと崩れるリスクがあるからこそ、砂山を真剣に作ろうとする。それどころか、その山に川を作ろうとして水を大量に流すと、砂山そのものが崩れてしまいそうなリスクがあるからこそ、あえて大量の水でもって川を作るのである。

このように、子どもの遊びには、遊びに備わる内的な意味を達成するために活動しながらも、その活動が結果として達成されないことを楽しみとする、という両義性が備わっているのである。

しかし、おとなと幼児との場合で、遊びの両義性がこのように異なっていても、やはり両方に共通するのは、遊ぶことは、現実的な生の営みから脱して遊びの世界を生きることである、ということである。しかも、こうした共通性は、遊ぶさいに何らかの遊具を使うことによって生じる、現実の世界と想像の世界を同時に生きるという、どのような遊びにおいても認められる両義性に関わってくることになる。そしてこのことが、次節で探るように、子どもの遊びにおいて典型的となるのである。

第2節　幼児の遊びにおける模倣と想像

子どもの遊びは、現実の世界から解き放たれた空間と時間のなかで、彼らの身体が遊具を使うことによって、創造性豊かに展開される。というのは、どのような遊びも、現実の世界から切り離されて、想像の世界を自分で創造し、その世界を自分で生きることになるからである。とくに幼児期の子どもは、どのような遊びにおいても、こうした想像の世界を自分で創造し、遊びの世界で自分を豊かに演じつくすことに、つまり自分を自分らしく表現することになる。

そこで本節では、幼児の遊びにおいて創造されている想像の世界の豊かさについて探ることにしたい。

・現実と想像との両義性

例えば砂場で砂遊びをしている子どもは、砂山を作り、そこにトンネルや川を作っている時には、たんに現実のある山の模型を作っているのではない。つまり、現実の山を真似しているのではない。彼らは、現実の世界のなかにある砂という遊具を使いながら、自分なりの工夫を凝らすことによって、自分の想像している山を創造している。それゆえ、砂山には、子どもの想像によって、彼らの創造力が発揮されているのである。しかも、それが砂山である限り、現実の山の何らかの本質的な特徴が再現されているはずである。それゆえこの場合にも、現実と想像との密接な関係が、すなわち両義性がみられることになる。

幼児の遊びにおける現実の世界と想像の世界とのこうした密接な関係としての両義性は、病院ゴッコやオママゴトといったゴッコ遊びにおいて典型的となる。とくにオママゴトは、多くの幼児にかなり好まれて遊ばれるだけではなく、現実の世界と想像の世界との両義性や創造と象徴の豊かさが最もよく現われている遊びである。そのため、以下では主としてオママゴトをとりあげ、ママゴト遊びにおける幼児の豊かさを探っていくことにする。

オママゴトで行なわれている幼児の活動には、当の幼児が実生活では行なったこともなければ、教えられたこともないものが非常に多い。例えば、砂や土や木の葉や棒切れなどを使って料理を作って遊んでいる幼児は、自分では実際に作ったことのない料理の作り方を彼らなりの仕方で再現し、それができあがれば、みんなでそれを食べる真似をする。たしかにそのさい、現実の食材や調理器具を使ってではなく、それらは砂や木の葉などで代用されているため、料理の仕方や食べ方には、現実の調理の仕方や食べ方にははるかに及ばないほど、さまざまなプロセスが省略されている。しかし、そうであるからこそ、土や砂や木の葉や棒切れなどは、本節の最後で詳しく探るように、幼児にとって、本物の食材や調理器具を豊かに象徴していることになるのである。

・ゴッコ遊びのリアリティー

しかしその前に、ここでまず探りたいのは、オママゴトをしている時の幼児の表現についてである。例えば、母親役の子どもは、幼児役の子どもに対して、「○○ちゃん、好き嫌いなくニンジンも食べなきゃだめですよ」とか、父親役の子どもに対して、「あなた、先に食べていてくださる」といった言葉を発する。しかもこの時の話し方は、母親が食卓で話している時の言葉だけではなく、それこそ口調やアクセントまでもそのままに再現しているかのようなリアリティーをともなっている。あるいは、身体を不自然にねじまげて新聞を読みながら食事をしている父親役の子どももいる。その子どもに聞くと、彼の父親はいつもそのような姿勢で新聞を読みながら食事をしている、とのことであった。こうした父親役の子どもに向かって、母親役の子どもは、「あなた、新聞を読みながら食事をするのはやめてくださる」と、やはりかなりリアリティーをともなった語りかけをする。それどころか、出勤時のいわゆる《チュウ（＝頰への軽いキス）》を再現する子どもの姿さえも時かけの言葉において典型的となるように、こうした言葉や振る舞いは、家庭で子どもが実際に行なったこともなければ、おそらくどこかで繰り返し練習したこともない、と考えられる。それにもかかわらず、かなりのリアリティーをともなってこうした言葉遣いや振る舞いが子どもによって再現されること自体が、我々おとなからすると、信じがたいほどである。しかし現実には、オママゴトにおけるこうした話し方や振る舞いは、子どもによって、何の苦もなく、ごく自然に行なわれているのである。

このように、ママゴト遊びをしている子どもは、実生活においては決して自分で発したり振る舞ったりしないような、家庭における家族の会話や活動を模倣しながら再現している。しかも、そのさいのリアリティーは、オママゴトを見ているおとなにとっては、自分の家庭における生活が再現されているのではないにもかかわらず、あたかも自分の家庭での様子が暴露されているかのような気恥ずかしさを覚えるほどである。ある教育実習生が伝えてくれたが、母親役を仰せつかった彼女は、乳児役に見立てられた人形に授乳の真似をしようとして、服の上からその人形に授乳させようとしたところ、「それじゃオッパイ呑めないでしょ」と叱られ、まごついてしまったそうである。

これほどまでに幼児は、ママゴト遊びで現実のあり方にこだわる。このこだわりの強さから、それぞれの役の子どもの言葉や振る舞いが当の子どもの家庭における家族のあり方をかなり正確に反映している、と考えられる。というのは、それぞれの子どもによって表現されるべき家族のあり方は、かなり細かい振る舞いやしゃべり方にいたるまで、相互に異なっていることが多いからである。子どもは、こうした細かい違いにもかなり敏感であり、「ママはそんなこと言わない」とか、「ママはそんなことしない」といったことをめぐって、母親役をやりたがっている子どものあいだでケンカになるほど、自分の家庭における家族らのありようを忠実に再現しようとする。また、こうしたケンカを避けたり、ケンカにおいて有利な立場を取りたいためか、女の子の多くは、母親役をやりたがり、だれが母親役をするかについてもケンカになることがある。

・他者への想いの再現としてのゴッコ遊び

幼児がママゴト遊びにおいてこれほどまでにリアリティーにこだわるだけではなく、リアリティーをともなった再現ができるのは、彼らがオママゴトをすることによって、「自分自身を演じつくすこと」(Gadamer, S. 105, 一五五頁) ができるからである。子どもは家庭における家族の言葉や振る舞いをたんに真似しているのではなく、オママゴトをしているあいだ、例えば母親役の子どもは、母親に《なりきっている》のであり、母親になっている自分を遊びの相手に表現している。すなわち、ママゴト遊びにおいて幼児がこれほどまでにリアリティーにこだわるのは、幼児が役を演じつくしたいからであり、その時には、彼らはもはや演技をしているのではないであろう。すなわち、オママゴトにおいて、家族の役を演じつくしている子どもは、このことによって何らかの目的を達成することをめざしているのではない。そうではなく、むしろ子どもは家庭における出来事が再現されるようにと、家族の振る舞いや言動をリアリティーをともなって演じつくすことによって、自分自身をその役になりきらせることをめざしている、と考えられるのである。

現実の日常生活においては自分でしたことのない家族の活動を幼児がかなりのリアリティーをともなって行なうことができるのは、すでにメルロ－ポンティと共に探ったように（本書一一六頁）、自分の家庭における親をはじめとする家族の志向が子どもの志向へと浸蝕し、家庭内における家族の見通しを子ども自身の見通しとし、その見通しを子どもがママゴト遊びで再現しているからである。するとこのことから、幼児の次のような模倣能力の豊かさが導かれる。

ワロンのいうように、「とくに幼児の場合、模倣は、……しばしば多少の潜在期間の後に生じてくる」のであり、模倣のための「調整は、〔顕在的な〕振る舞いをともなうことなく、ある種の沈思のうちでなされる」（Wallon, p. 268, 二三五頁）のであろう。すなわち、家庭での振る舞いや言動における家族の志向が子どもの志向に浸蝕するさいに、後に、例えば園でのママゴト遊びで再現されることになる家族の振る舞いや言動が、幼児のなかに潜在的に刻みこまれる。そして、こうして刻みこまれた振る舞いや言動が、ママゴト遊びで子どもの現実的な振る舞いや言動として、顕在化される。こうしたことからすると、模倣「運動は、内的に〔あらかじめ〕形成されたものの開花でしかない」（ibid., 同所）ことになる。

しかも、先に述べたようなリアリティーをともなって模倣することは、たんに家族の振る舞いや言動を自分の身体の動きなどによってできるかぎり忠実に繰り返そうとすることではない。すなわち、彼らは家族の身体の動きや言動をただ真似しているのではない。それらの振る舞いや言動がリアリティーを備え、それを見ている者に気恥ずかしさを覚えさせるほどであるのは、ママゴト遊びで模倣されている自分の家族の振る舞いや言動には、家族の他の成員への想いや気持ちまでもが、すなわち家庭内における他の家族という他者への志向までもが、模倣を介して幼児に取りこまれているからであろう。

そうだとしたならば、この時期の幼児の他者関係のあり方が、次のようなものであることが明らかとなる。

子どもの成長過程においては、すでにメルロ゠ポンティと共に探ったように（本書一一四頁以下）、まず、何らかのことへのおとなの想いなどの志向が子どもの身体を通して働き、さらにまた、子どもの志向がおとなの身体を通して働くといった、前交流の状態があるのであった。つまり、この時期の子どもにとっては、自分と他者とがまずそれぞれ相互に切り離されており、それぞれが個別に自分の外の世界へと向かうことを介して、彼らは両者に共通の目的に関わっているのではない。こうしたことができるようになる前は、両者の志向が区別されることなく、一方の志向が他方の身体を介して機能することが生じているのである。メルロ゠ポンティは、こうした仕方で人間の意識のあいだで一方の志向が他方の志向へと入りこんでいることを、外の世界を知覚するさいのそれぞれの見通しの相互浸蝕と呼んでいるのであった。

例えば、妻に対する夫の想いが何らかの仕方で子どもの身体を通して働くという、前交流が父親と子どもとのあいだで生じる。すると、この前交流は、すでに引用したワロンのいうように、幼児の場合には、しばらくのあいだの潜在期間の後に、例えばママゴト遊びにおいて、父親を模倣することを介して、再現される。すなわち、妻への夫の想いが、母親に対する子どもの想いとして再現される、ということが生じることになる。現実の日常生活においては、例えば父親が家事にいそしんでいる妻をいたわる姿を子どもが見ていると、子どもは父親が不在の時には、「僕も〔家事を〕手伝う」と言えるようになる。というのは、母親をいたわって家事の手伝いをしている父親の姿を実際に見ていた時に父親と子どもとのあいだで生じる前交流を介して、潜在的には、妻に対するその時の父親の想いが子どもに浸蝕する、ということが生じていたからであろう。

同様にして、新聞を読みながら食事をしている夫への妻の想いは、たとえこの時の母親が子どもに何かを伝えようという意図がなくても、子どもに告げ知らされることになる。すなわち、夫への妻の関わりを見ている子どもの心に、夫への妻の想いが、浸み通るような仕方で子どもの身体に浸蝕し、こうして浸蝕してきた夫への妻の志向が、ある潜在期間の後に、ママゴト遊びで幼児によって再現されるのであろう。それゆえ、この再現を見ているおとなが気恥ずかしさを覚えるのは、幼児の口調などがリアリティーを備えているという理由からだけではなく、その家庭における家族の振る舞いや言動が、それを眺めている者自身の家庭における家族への想いなどの志向があたかも再現されているかのように感じられてしまうからであろう。

あるいは、実際に医者にかかり、例えば注射をされた時にはその痛さや恐怖から泣いてしまっていたとしても、病院ゴッコにおいて、「注射するけど我慢できるよね」と患者役の子どもに語りかけている医者役の子どもは、その子どもに対するかつての医者の自分への想いをとらえ、その想いを患者役の子どもに伝えているのであろう。そうであるならば、たとえ現実の診察においては泣いていたとしても、その時点ですでにこの子どもは、治療を受け入れていたことになる。そうである以上、かつての現実の治療体験は、例えば注射にともなう痛みは、彼にとっていわゆる心的外傷にはならず、むしろ患者に対する医者のあるべき本質が病院ゴッコにおいて顕在化されていることになるはずである。

すると、ゴッコ遊びで模倣されるのは、他者のたんなる口調やアクセントや振る舞いだけではないことになる。さらには、ゴッコ遊びのもととなった現実の体験において、他者によるその子どもへの想いや、世界や他の人に対する他者の想いまでもが、ゴッコ遊びで再現されていることになる。例えば、戦隊もののアニメの登場人物の変身のポーズとか、アイドル歌手やプリキュア（＝少女を主人公とした動画）の振り付けをたんに反復するだけの《モノマネ》とは異なり、模倣は、他者の身体的な動きなどや発声の仕方などをそのまま繰り返しているのではない。それゆえ、遊びにおける模倣は、次のような豊かさを備えていることになるのである。

• 本質を浮き彫りにすること

幼児がママゴト遊びをするためには、家庭における家族の活動を自分の身体や遊具を使って再現しなければならない。しかもその時には、例えば、日常生活における本物の食材や調理器具を使うのではなく、それらの象徴として、泥や粘土や木の葉や棒切れや積み木などが使われるかぎり、家庭における家族の身体の動きや言葉そのものを正確に繰り返すことは、すなわちそれらをそのまま反復することは、そもそもできない。他者の身体の動きなどをそのまま反復することは、先に述べたように、戦隊もののヒーローの動きやアイドル歌手の歌い方の真似をする場合にしか可能とはならない。それにもかかわらず、ゴッコ遊びにかぎらず、砂場で砂を使って山を作る場合など、現実の出来事や物を模倣する遊びでは、子どもの遊びによって象徴されているものをそのものたらしめていることを、すなわち模倣されている者や物の本質を「浮き彫りにすること」(Gadamer, S. 109, 一六六頁)が必要になる。ママゴト遊びの場合でいえば、幼児によって模倣されている母親をその子どもにとっての母親たらしめているところの、その母親の本質が浮き彫りにされなければならない。そして、先に探ったように、幼児のママゴト遊びにおいては、それを見ている者に気恥ずかしさをも感じさせるほど、幼児はその幼児自身の母親の本質を見事に浮き彫りにすることになる。すなわち、こうした模倣遊びをしている子どもによってなされている「模倣と表現は、〔現実を〕写している繰り返しにすぎないものではなく、本質の認識である」(ebd., 同所)ことになるのである。

本質を浮き彫りにしていることがゴッコ遊びで生じている以上、ゴッコ遊びにおいては、例えば家庭における出来事がたんに繰り返されているのでもなく、また、それが子どもによって演技されているのでもない。そうではなく、幼児は、いとも簡単に、しかも一挙に、ゴッコ遊びの世界を生きることになる。そのさい、一方においては、例えばママゴト遊びにおける先に述べた、教育実習生の授乳の仕方を叱るほど、子どもは自分の家庭で生じていたさいのリアリティーにこだわるのであった。しかし他方では、オママゴトで作られた土や砂の料理を本当に口の中に入れることはせずに、それを食べる真似をするだけでしかない。それどころか、ママゴト遊びにおける授乳のさいには、本当の乳児をその場に参加させることが実際には不可能だからではなく、乳児の役はあくまでも人形か一緒に遊ぶことになる幼児でなければならない。なぜならば、もしもその場に本当の乳児が参加してしまえば、母親役の子どもは、もはや母親の役を取り続けることができなくなり、現実の家族構成における乳児の《お姉ちゃん》に連れ戻されてしまうからである。また、そうなれば、現実乳児に対する母親の本質を浮き彫りにすることができなくなり、現実の乳児の振る舞いに対してその乳児の姉として現実的な対応をせざるをえなくなるからである。

このことから明らかになるのは、ゴッコ遊びにおける子どもの模倣や表現は、一方では、かなりのリアリティがともなわれていると同時に、他方では、例えば食べ物に喩えられているクッキーを本当に口に入れてはならないという、現実の日常生活で実際になされている身体活動のある部分の省略がなければならない、ということである。また、ゴッコ遊びに参加している子どもたちは、こうした省略にも適切に対応しなければならない、ということも明らかになる。まさにガダマーのいうように、ゴッコ遊びで「模倣している者は、〔本質に関わらないものを〕削除したり、〔本質を〕浮き彫りにしなければならない」（ebd., 同所）のである。

すると、模倣遊びには、実際の出来事の現実性へのこだわりと同時に、現実のたんなる繰り返しではなく、その本質を浮き彫りにすることにともなう、あたかも○○するという、仮象性との両義性が備わっていることになる。実際、こうした両義性を生きることのできない年齢の幼児とママゴト遊びをしているつもりになっている教育実習生は、ゴッコ遊びに求められる両義性についての感覚がないと、泥で作ったクッキーを幼児が本当に口に入れてしまうことに遭遇し、あわててしまう、ということが時として生じるのである。

以上のことからすると、ゴッコ遊びにおいては、本物の料理や乳児ではなく、あくまでもそれらを象徴するような遊具が使われなければならない、ということが明らかとなる。こうした遊具が使われることによって、幼児が象徴の世界を遊びとして生きることが可能となる。また、本物の代わりに遊具を使うことによって、子どもは、自分たちの主体性をもって、自分の身体や遊具をどのように使ったら現実に生じていたかつての他者の身体的振る舞いや言動の本質を浮き彫りにできるかを、想像力を豊かに発揮しながら、工夫していることになる。こうした工夫によって、仮象の世界を創造し、その世界で実際に現実的な身体的振る舞いと遊具を使いながら、それぞれの子どもに割り当てられた役を表現することによって、遊びの世界をさらに豊かに想像しながら創造することができるようになるのである。しかも子どもは、普通のおとなならばほとんど不可能なこうしたことを、何ら困難さを感じることなく、また、誰かに教えられることなく、非常に楽しみながら行なっている。そうである以上、模倣遊びは、幼児の豊かな感性と感受性が最も典型的な仕方で発揮される世界を生みだしてくれているのである。

以上のことから、ゴッコ遊びを含めた模倣遊びは、もはや現実のたんなる再現とは呼べない、以下で探ることになる豊かな側面をも備えていることが明らかとなる。

・認識を超えた模倣遊びの楽しさ

幼児のゴッコ遊びにおいては、先に探ったように、本質に関わりのないものを削除し、本質を浮き彫りにすることによって、現実の人間の活動だけではなく、その人間の他者への想いまでもが再現される以上、彼らは、現実の出来事をそのまま繰り返しているのではないのであった。このことは、子どもが現実の人間の活動をゴッコ遊びの場面で忠実に真似しているのではなく、それらの本質を浮き彫りにするために、まず現実の出来事を彼らなりの仕方で認識し、認識した結果をゴッコ遊びを通して再認識している、ということを意味している。しかもこのことは、ゴッコ遊びの場合だけにいえることではなく、例えば砂山を作っていたり、ブロックで動物や自動車を作っている時など、遊具を使ったどのような模倣遊びについてもいえる。というのも、ゴッコ遊びの役にしろ、砂山にしろ、ブロックの動物にしろ、それらの模倣活動や作品は、現実の人間や現物の稚拙なミニチュアではなく、現実の人間や出来事や物の本質が子どもによって再現されているからである。それゆえガダマーのいうように、ゴッコ遊びを含めた模倣遊びにおける現実の人間や物の再現には、「すでに知られていることを認識するだけよりも、それ以上に認識されている」ということが属していることになり、模倣遊びにおける楽しさは、こうした現実のものを認識すること以上を認識しながらの、「再認識の楽しさ」ともなっているはずである（Gadamer, S. 109, 一六五頁）。すなわち、自分の身体や遊具を使って遊んでいる子どもは、身体や遊具によって模倣されている現実の人間や出来事や物や、さらにはおとなの想いをともなったそれらとの関わりをたんに繰り返しているだけではない。模倣しながら自分で表現することによって、幼児は、現実の日常生活のなかでかつて認識し、認識されたものの本質を浮き彫りにすることによって、現実に認識したもの以上のことをその遊びのなかで再認識しているのである。そして、遊びにおけるこうした認識以上に再認識している自分のあり方自体を、彼らは楽しんでいるのである。

認識を超えることによって味わえるこうした楽しさは、たしかにほとんどの場合女の子にかぎられるが、母親や歳の離れた姉の化粧道具を使って、幼児が自分で化粧をすることにおいて、典型的に明らかとなる。

幼児が自分で化粧をする時に、おとながまず驚かされるのは、化粧の仕方をおとなから直接教えられたことがないにもかかわらず、あるいはおとなに化粧をしてもらったことがたとえなくても、たしかにかなり不器用な仕方でしかないが、化粧道具をかなり的確な仕方で使いながら、模倣によっておとなの化粧の仕方を再現できる、ということである。しかもさらに驚かされるのは、おとなと同様の仕方で、鏡を見ながら化粧をしている、ということである。というのは、鏡を見ながら自分で化粧をすることは、自分がしている化粧の過程を確かめながら、すなわち自分の顔がどのように変化していくかを確認しながら化粧をする、ということを意味しているからである。しかもその時の女の子は、オママゴトをする時と同様、非常に楽しみながら化粧をしていることが多い。このことは、化粧をしている子どもにとっては、「仮装の喜び」について思索しているガダマーのいうように、化粧をすることによって、自分が自分自身を「表現しているということ」自体に楽しさを感じている、ということを意味している（a.a.O., S. 108, 同書一六四頁）。すなわち、この時の女の子は、鏡を通して自分に「表現されたことだけが存在しているようにと〈自分を〉表現している」ということを、要するに、「自分が知っていることが何であるか」を鏡に映っている自分の顔の変化を確認することによって、「自分自身を確認している」ことを楽しんでいる、と考えられるのである（ebd., 同書一六三－一六四頁）。

このことを化粧の場合で具体的にいいかえれば次のようになる。おとなの化粧の仕方をこれまで見てきたことによって、幼児は、化粧をすることはどのようなことかについて、すでに知ってしまっている。しかも、そのさいの知り方は、たんに第三者の立場で観察することによってではなく、化粧をしているおとなの志向が自分自身の身体へと浸蝕してくることによる知り方であり、いわば身体に刻みこまれるような知り方である。こうした知り方に基づいて、鏡を見ながら自分で化粧をすることは、身体に刻みこまれたことを、化粧道具をどのように使って自分の顔の表情がどのように変わっていくかを鏡で見ながら、自分で実際に確認する、ということになる。いいかえれば、身体に刻みこまれて潜在的なままにとどまっていたことを、実際に化粧をすることによって、自分の身体の現実的で外面的な現われとして、顕在化することになる。しかも、化粧に関して自分の身体に刻みこまれたことを確認している自分のあり方さえもが、化粧をすることによって自分で自分を表現しているがままに、自分自身によって確認されている。要するにこの時の幼児は、化粧に関して自分の身体に刻みこまれたことを鏡を見ながら自分で自分に化粧をすることによって再認識しつつ、再認識している自分自身を、化粧という眼に見える仕方で、自分自身に表現しているのである。フィンクの先の引用文に即していいかえれば、幼児は、化粧についてすでに認識していることを超えて再認識している自分自身を確認している、といえることになる。そして、こうした仕方での自己確認が、幼児にとって楽しくてしかたがないのであろう。

以上で述べたことが化粧をしている子どもに生じているならば、おとなの化粧の仕方を自分で表現しながら再現することは、他のゴッコ遊びや模倣遊びでは不可能な、模倣によっておとなのかつての振る舞いや言動や道具の使い方を再認識している自分のあり方さえをも確認していることになる。そして、こうした自己確認自体が、子どもにとっての化粧をすることの楽しさになっているのではないだろうか。

しかし、おとなの化粧の仕方を模倣することによって、自分を表現しながらの自己確認の喜びを感じていたとしても、他の遊びと同様、その幼児にとって化粧をすることは、やはり遊びの一つでしかない。というのは、思春期以後の女性が化粧をするのは、現実的な日常生活のなかでの営みでしかないのとは異なり、子どもが化粧をしても、それは彼女らの現実的な日常生活に直接影響を与えることはないからである。化粧を落としてしまえば、子どもは、素顔で再び現実的な日常生活に戻ることになる。それゆえ、彼女らが化粧をすることは、他の遊びと同様、現実の日常生活から切り離された空間と時間内で生じている、やはり仮象の世界での出来事でしかないのである。

では化粧を含め、子どもの遊びを遊びたらしめている両義性は、子どもの遊びを創造性豊かなものと、すなわち独創的なものとしていることとどのように関係しているのだろうか。このことをさらに探るため、本節の最後に、遊びにおける幼児の想像力と独創性について探りたい。

•想像の世界の独創性

以上で探ってきたように、ママゴト遊びに代表されるようなゴッコ遊びにおいて、幼児は、自分にあてがわれた役の人物として自分自身を演じつくすことによって、その役になりきるのであった。このことによって、幼児は、例えば母親であるかのように振る舞う以上、彼らは、自分の想像力によってその遊びの世界を創造していることになる。しかも、そのさいに創造されるゴッコ遊びの世界は、彼らの空想によって勝手気ままに作りだされるのではない。先に述べた、「ママはそんなことしない」とか、「それじゃオッパイ呑めないでしょ」といった子どもの言葉から明らかとなるように、想像によって創造される世界は、その子どもの家庭における家族の現実の日常生活の反映でなければならない。しかも、こうした反映は、幼児の身体活動として現実に表現されなければならない。それゆえ、ゴッコ「遊びは、いわばそれ自体のうちに反映……を含む現実的な振る舞いである」（Fink, 1957, S. 27, 六五頁）ことになる。遊んでいる者の振る舞いは、現実的な自分の身体と遊具を使っているため、「遊んでいる者の〔現実的な〕行為でありながらも、他方ではまた、演じる遊びで彼が引き受けた役に応じて遊んでいる者の〔想像上の〕行為でもある」ため、「彼がすることのすべては……現実的な世界の人間の現実的な振る舞いでありながらも、同時に非現実的な仮象の世界のなかでの役に応じた行為である」（Fink, 1960, S. 77, 八五頁）。すなわち、自分の家族の現実的な振る舞いを、幼児は、遊びの世界という現実ではない想像の世界のなかの出来事として創造し、その世界を生きるために現実の遊具と自分の身体を使いながら、現実に何らかの言葉を発したり、振る舞ったりする。しかも、彼らがこうした両義的なあり方を何の困難もなく一挙に生きられることからすれば、幼児の遊びは、まさに「遊びの世界を魔術的に生産すること」（Fink, 1957, S. 22, 四六頁）になる。つまり子どもは、あたかも魔術によって一挙にその世界を生きられるようになり、子どもによって創造されているために現実ではないという意味で、仮象の役を演じつくすことになる。それゆえ、ゴッコ遊びは、「活気あるあたかもという行為であり、〔あたかもということに〕独特の仮象を備えている」のであり、「存在と仮象とのたぐいまれなる交差」という両義性をその本質としているのである（Fink, 1960, S. 50f, 四三頁）。

しかし、子どもによって演じつくされる役は、現実の人間の反映である以上、ゴッコ遊びの世界は、幼児の勝手な空想によって作りだされるのではないのであった。すなわち、その世界は、幼児の内面的な生の営みが身体を使って外に提示されているのではなく、また、勝手な空想の産物でもない。それゆえ、ゴッコ遊びの世界は、現実的な子どもの身体活動が生じている現実的な空間のなかで展開し、遊具という現実のものを必要としているのである。このことは、遊びの世界が、アニメや絵本の世界のような現実の世界に足場をもたない「たんなる主観的な仮象」でもなければ、子どもの「心〔のなか〕においてのみ成りたっているような絵空事」でもないことを示しているのである（Fink, 1957, S. 23, 四九頁）。

それどころか、ゴッコ遊びをしている子どもは、幼児としての現実のあり方や振る舞い方を背景に押しやり、彼によって演じつくされている人間の本質を浮き彫りにするのであった。こうした仕方で役になりきることによって、すなわち、「彼が表現しているもの」を介して、現実には幼児でしかないその子どもの存在は「完全に消え去ってしまう」（Gadamer, S. 109, 一六五頁）。これほどまでに母親などの家族のなかの一人となりきっているからこそ、幼児は、家族によって営まれている現実の日常生活における真剣な営みを模倣することができる以上、遊び一般における真剣さは、ゴッコ遊びにおいてさらに高められることになる。母親役の子どもや、父親役の子どもや、さらに例えば《バブバブ》といった喃語を模倣する乳児役の子どもの振る舞いと言動にも、真剣な日常生活が反映されている。こうしたことからフィンクも、「遊びは、その非現実性の場面のなかで、生活の真剣さを反復する」（Fink, 1960, S. 91, 一〇八頁）、というのであろう。それゆえ、ゴッコ遊びに参加するおとなにも、子どもと同様の真剣さでもって、現実の日常生活における真剣さを再現することが求められることになる。それゆえ、こうした真剣さを犯すことは、幼児の家庭生活の尊厳をもそこなわせることにもなりかねないのである。

しかし、だからといって、その真剣さは、現実の日常生活において現に担っている個々の人間が背負わなければならない責任や義務から解放されていることが、ゴッコ遊びをより気楽で楽しいものとしてくれる。すなわち、ゴッコ遊びは、「現実の生活から〔それが〕押しつけるすべての重荷を取り除き、拘束的な生活をいわば非拘束的なものの軽くただよう神秘的な気分へと高める」(ebd., 同書一〇八-一〇九頁)。例えば、母親役の子どもが幼児役の子どもにどれほど真剣にお説教をしても、そのお説教には何らの拘束がないにもかかわらず、いつもはお説教されている子ども自身の感情的反発や不満足感さえもが、幼児役の人形に「〔嫌いなものを〕食べたくない」と語らせることによって、遊びのなかで楽しく表現されるのである。

するとゴッコ遊びでは、現実の人間によってなされていることをたんに正確に真似しているのではなく、現実の人間と同じような振る舞いや言動をしていたとしても、そうしている幼児は、自分の主体性によって、現実の日常生活において幼児には許されていない非拘束的なものをあえて想像することによって、その遊びを彼にとって独創的なものにしていることになる。すなわち、ゴッコ遊びは、現実の生活では実現不可能なことをしようという、「まったく新たな動機を奮い起こし」、「我々が〔遊び以外の〕その他の生活の遂行の枠内では知らない可能性を閃かせてくれる」(a.a.O., S. 90, 一〇八頁)。そのため、ゴッコ遊びをしている子どもは、現実の出来事や人間の営みを再現しながらも、その子どもが遊んでいる時の想いなどによって、現実の日常生活における人間の営みを子どもなりの仕方で再認識しながら、その本質を浮き彫りにしているのである。するとこの時の子どもは、例えば哲学者が原典の文言をパラフレーズするのと同様のパラフレーズをしていることになる。それゆえ、原典のパラフレーズがそうであるように、「パラフレーズとしての遊びは独創的である」（ebd., 同所）ことになる。しかし、現実の学問の領域でなされる他者の文言のパラフレーズとは異なり、「遊びは、その生産力を非現実的なものの〔日常生活にとっては〕役にたたない範囲のうちでのみ展開することができる」（ebd., 同所）のである。

そして、こうしたゴッコ遊びをより確かなものにしてくれるのが、本章第1節で遊び一般についてすでに探ったところの（本書二三一頁以下）、遊具がはたす独特の機能なのである。

先に述べたように、遊びには遊具が欠かせないが、ゴッコ遊びにおいては、その機能がより典型的に際立ってくる。例えば、ただの泥や砂の塊は、幼児に特有の豊かな想像力でもって、それこそ魔術的な仕方で、おいしい料理になるのであり、物理的には何も変化しない人形の顔の表情は、例えば病気になって苦しんでいる乳児の表情になるのである。

しかも、ゴッコ遊びにおいてこうした遊具が使われることにより、そうでなければ幼児のたんなる主観的で、彼らの心の内にいだかれているだけでしかない空想は、遊びの世界で生じていることの遊んでいる者にとっての豊かな現実性を与えられることになる。たんなる空想の世界は、空想している人間のなかに閉じこめられているだけでしかないため、他の人間と共有されることがない。しかし、たんなる物でしかない人形や泥や砂であっても、遊具として使用されると、それらは、その遊びに参加している幼児にとってだけではなく、それを眺めている者にとっても、生きた人間となったり、おいしい料理となる。

それゆえ、遊んでいる子どもの内面で生じているだけでしかなかったたんなる空想の世界は、遊具が使われることによって子どもに表現されることにより、誰とでも共有される現実の出来事ともなる。フィンクもいうように、「遊びの世界は、主観的な空想の要素と、客観的な……要素を携えている」（Fink, 1957, S. 26, 六三頁）、という両義性を備えている。そして、幼児とは、おとなには失われてしまった、こうした両義性を豊かに生きることのできる人間のことなのである。

（1）現象学が、現象学に基づかない時にはみえてこない深い次元にまでさかのぼって人間のあり方や生の営みについて明らかにできるということは、現象学を使った現実の人間についての研究が、他の哲学に基づく研究よりもはるかに多い、ということからも間接的に窺える。そうした研究の端緒を切り拓いたのは、通常は理解不可能と思われていた精神の病に苦しんでいる人間のあり方や彼らに独特の世界を現象学に基づいて解明している、現象学的精神病理学である。しかし現在では、精神病理学の領域だけではなく、教育研究においても、現象学に基づいて人間を深く豊かに理解する研究が我が国においてもかなり蓄積されてきている。本書の最後に、参考文献として、我が国における現象学に基づく人間研究を、その概略を紹介しながらあげておくのも、こうした研究状況からである。

（2）《苛々》のフランス語の impatience という言葉は、文字通りには、長いあいだ立っている時の支え（patience）がない（im）ことを意味している。

結語にかえて

第9章で幼児の遊びについて探ることによって典型的に明らかとなったように、本書で一貫して探ってきたことは、乳幼児は、我々おとなには失われてしまった豊かで鋭い感受性を備えている、ということである。それゆえ、乳幼児はいまだ発達の途上にあるためおとなからの全面的な養育が必要な人間である、といった子ども観は、おとなの側からの一方的な想いこみでしかない。そして、フレーベルをはじめとする教育思想も、基本的には、こうした子ども観に基づいている。

たしかに、乳幼児をはじめ、子どもと呼ばれる人間は、一人で自立して自分の生を維持できないため、弱い存在である、ということは否めないであろう。しかし、そうであるからこそ、第1章で本書の課題を導いたさいに引用したフレーベルの言葉の端々や行間から窺えるように、フレーベルが、こうした乳幼児の内面のあり方にむしろ高尚な精神を見抜き、いわば乳幼児礼賛ともいえるような言葉をささげていることは、注目に値するであろう。こうした観点からすれば、少なくともフレーベルの想いは、現代においても、なお息づいているのではないだろうか。

筆者自身も、かつて『表情の感受性』（東京大学出版会、二〇一一年）において、我々人間は本来弱い存在であるからこそ、感受性が豊かになるのではないか、ということを導いた。しかし、本書で一貫して乳幼児の感受性の豊かさと鋭さを際立たせることを通して改めて強く感じるのは、次のことである。

ある観点からするとたしかに弱い存在でありながらも、そうした乳幼児のあどけない無垢なあり方に身近に接して、我々おとなが癒されることから閃いてくるのは、乳幼児の高尚なあり方は、無垢であるがゆえの感受性の豊かさと一体となっているのではないか、ということである。こうしたことから、《弱さ礼賛》という言葉でもって、『表情の感受性』を終わらせた代わりに、本書では《乳幼児礼賛》という言葉でもって本書を終わらせたい。そしてかなうならば、読者の方々の豊かな感受性をもって、未来を担ってくれるはずの乳幼児と、子どもの親としてであれ、教師と呼ばれる立場であれ、それどころか子どもについての学問に携わる者としてであれ、何らかの形で感受性豊かに関わってもらえるようになることを、心から願っている。

引用文献

榎沢良彦　二〇〇四『生きられる保育空間』学文社

Fink, E. 1957: Oase des Glücks *Eugen Fink Gesamtausgabe 7* Verlag Karl Alber 2010 石原達二訳『遊戯の存在論』せりか書房　一九七六

Fink, E. 1960: Spiel als Weltsymbol *Eugen Fink Gesamtausgabe 7* Verlag Karl Alber 2010 千田義光訳『遊び』せりか書房一九七六

Fröbel, F. 1966: *Friedrich Fröbel's gesammelte pädagogische Schriften Abt.1.(Bd.1)* hrsg. von Wichard Lange Biblio Verlag Osmanbrüch 小原國芳・庄司雅子監修『フレーベル全集 第三巻 教育論文集』玉川大学出版部　一九七七

Fröbel, F. 1966: *Friedrich Fröbel's gesammelte pädagogische Schriften Abt.1.(Bd.2)* hrsg. von Wichard Lange Biblio Verlag Osmanbrüch 小原國芳・庄司雅子監修『フレーベル全集 第二巻 人の教育』玉川大学出版部　一九七六

Gadamer, H.-G. 1975: *Wahrheit und Methode* J. C. B. Mohr（Paul Siebeck）轡田収他訳『真理と方法Ⅰ』法政大学出版局　一九八六

ゲゼル、A.　一九六七『狼にそだてられた子』生月雅子訳　家政教育社

Husserl, E. 1901: *Logische Untersuchungen II/1* Max Niemeyer 立松弘孝・松井良和・赤松宏訳『論理学

研究2』　みすず書房　一九七〇
Husserl, E.　1921: Gemeingeist II（Ms. M III 31X）〔ケルン大学フッサール文庫所収の遺稿〕
Husserl, E.　1952: *Zur Phänomenologie der Intersubjektivität Dritter Teil:1929–1933*　Martinus Nijhoff
木村敏　一九七五『分裂病の現象学』弘文堂
Merleau-Ponty, M.　1945: *Phénoménologie de la perception*　Gallimard　竹内芳郎・小木貞孝訳『知覚の現象学1』みすず書房　一九六七
Merleau-Ponty, M.　1953: Les relations avec autrui chez l'enfant Res cours de Sorbonne Centre de Documentation Universitaire　滝浦静雄・木田元訳「幼児の対人関係」『眼と精神』みすず書房　一九六六
Merleau-Ponty, M.　1960: *Signes*　Gallimard　竹内芳郎監訳『シーニュ2』みすず書房　一九七〇
Merleau-Ponty, M.　1969: *La prose du monde*　Gallimard　滝浦静雄・木田元訳『世界の散文』みすず書房　一九七九
中田基昭　二〇一一a『表情の感受性』東京大学出版会
中田基昭　二〇一一b『子どもの心を探る』創元社
Nietzsche, F.W.　1956: Die Philosophie im tragischen Zeitalter der Griechen *Friedrich Wilhelm Nietzsche Dritter Band*　herg. von Schechta, K. Carl Hanser Verlag　西尾幹二訳「ギリシア人の悲劇時代における哲学」大河内了義他訳『ニーチェ全集第二巻（第I期）』白水社　一九八〇
大塚類　二〇〇九『施設で暮らす子どもたちの成長』東京大学出版会
Scheler, M.　1974: *Wesen und Formen der Sympathie*　Francke　青木茂・小林茂訳『シェーラー著作集8

『同情の本質と諸形式』白水社　一九七七
Sullivan, H.S. 1940: *Conceptions of Modern Psychiatry 2.ed.* The William Alanson White Psychiatric Foundation　中井久夫・山口隆訳『現代精神医学の概念』みすず書房　一九七六
Theunissen, M. 1977: *Der Andere* de Gruyter
Waldenfels, B. 1971: *Das Zwischenreich des Dialogs* Martinus Nijhoff
Wallon, H. 1949: *Les origines du caractère chez l'enfant* Presses Universitaires de France　久保田正人訳『児童における性格の起源』明治図書　一九六五

参考文献

本文でも何度か述べたように、現象学は、現実の人間の生の営みをかなり豊かに深く探ることに関し、他の哲学と比べ、より大きな貢献をしてきた。そこで、本書の参考文献として、筆者自身のものも含め、内容を簡単に紹介しながら、我が国におけるそうした著作を読みやすさの順にあげておくことにする。

（1）現象学そのものに直接基づいてはいないが、感受性の豊かさについて具体的に丁寧に描かれている著作。

○神谷美恵子『生きがいについて』みすず書房　一九六六
当時は隔離政策がとられていたため、ハンセン氏病にかかり世間から疎外された人間が、どのようにして自分の生きがいを再びみいだし、豊かな人間性を育んでいくかが、著者の深く暖かい眼差しを通して豊かに描かれている。

○シュヴィング『精神病者の魂への道』小川信男他訳　みすず書房　一九六六

看護士である著者の関わりによって、重度の精神の病に苦しんでいる患者がいかに心を開いてくるかが、感動的に描かれている。
○ヴァン・デン・ベルク『疑わしき母性愛』足立叡他訳　川島書店　一九七七
現象学的精神病理学者である著者が、ボウルビィの愛着理論やいわゆる常識的なとらえ方を批判しながら、多くのエピソードに即して母子関係のあり方を丁寧に探っている。発達心理学とは異なった観点から乳幼児の母子関係に迫るための必読書であろう。

（2）現象学の知識を前提としないが、現象学に基づく人間のとらえ方が具体的に豊かに描かれている著作。

○ヴァン・デン・ベルク『人間ひとりひとり』早坂泰次郎他訳　現代社　一九七六
精神の病に苦しんでいる患者の事例を通して、世界・時間・身体・他者といった事柄を現象学の観点からやさしく解説している。現象学に基づく人間理解のための最良の入門書であろう。
○榎沢良彦『生きられる保育空間』学文社　二〇〇四
本書でも園における空間について探ったさいに引用したが、現象学の観点から、子どもにとっての園がどのように変化していくかについて、豊富な事例に基づいて明らかにしている。園での幼児教育における子どものあり方をとらえるための必読書であろう。
○中田基昭編著・大塚類・遠藤野ゆり著『家族と暮らせない子どもたち』新曜社　二〇一一

共著者によるかなり長期にわたる児童福祉施設での実践における事例を使いながら、家族と暮らせない子どもたちが、施設で様々な不安をいだきながらも、過酷な状況を克服していくさいの人間関係が具体的に描かれている。とくに、施設を自分の居場所としたり、被虐待経験を克服するさいの子どもたちの葛藤が現象学の観点から丁寧に描かれている。

○中田基昭『教育の現象学』川島書店　一九九六

教育実践における教えることに本質的に備わる矛盾を明らかにし、こうした矛盾を解消するために子どもの実存と実存同士の関係を明らかにした。さらに、こうした実存同士の関係を対話という事柄に即して具体的に描きだした。

（3）本書とほぼ同じ程度で現象学に依拠している著作。

○ボルノウ『気分の本質』藤縄千艸訳　筑摩書房　一九七三

拙著『表情の感受性』で気分について探ったさいにも詳しく引用したが、様々な気分を具体的に豊かに記述しており、そうした記述に触れることにより、言葉にし難い感受性のありようを実感できる。

○ボルノウ『人間と空間』大塚恵一他訳　せりか書房　一九七八

前掲榎沢の『生きられる保育空間』の理論的背景となっており、空間に住まうという人間のあり方から、様々な空間についてかなり詳細に明らかにしている。

○フィンク『遊戯の存在論』石原達二訳　せりか書房　一九七六
本書で子どもの遊びについて探ったさいに導きとした。
○メルロ゠ポンティ「幼児の対人関係」滝浦静雄他訳『眼と精神』みすず書房　一九六六
本書でも引用したように、ワロンの事例等に基づきながらも、子どもの他者関係や感受性の豊かさを現象学の観点から描きだしている。拙著『子どもの心を探る』でも理論的背景とした。哲学書であるため、いくぶん具体性に欠けるが、乳幼児のあり方が哲学としての現象学においてどのような意義があるかを教えてくれる。
○中田基昭編著『重障児の現象学』川島書店　二〇〇三
ドイツにおける筆者の共同研究者との共著であり、乳児と同様何もできないと思われている重度の知的・身体的障碍を蒙っている子どもたちのあり方を現象学の観点からとらえなおすことにより、彼らのあり方から我々が何をどのように学ぶことができるかを探った。とくに第Ⅱ部で克明に描かれている、二人の子どもの成長とその成長を導きだした共同研究者による事例研究では、子どもと共同研究者の感受性の豊かさが具体的に描かれている。
○中田基昭『表情の感受性』東京大学出版会　二〇一一
表情や身体的振る舞いをとらえるさいに、とらえる者の感受性に応じて、とらえられることが異なってくることを、日常生活の様々な場面や絵画や文学作品を例として描きだした。このことにより、人間が自分自身や他者や世界と向き合うことの意味と意義を明らかにした。

○中田基昭　『子どもの心を探る』　創元社　二〇一一

乳幼児の感受性を、彼らの成長の歩みに沿いながら、具体的なエピソードを使うことによって、明らかにした。とくに、本書でも引用した発達心理学者であるワロンと対比的に、前掲メルロ－ポンティの「幼児の対人関係」における乳幼児観に導かれることにより、乳幼児の感受性の豊かさを探った。本書のいわゆる姉妹本でもある。

（4）現象学にある程度踏みこんだ著作。

○メルロ＝ポンティ　「眼と精神」　滝浦静雄他訳　『眼と精神』　みすず書房　一九六六

絵画の本質を現象学の観点から明らかにし、絵画がどのようにして真理を開示しているかを、何人かの画家の絵の場合について具体的に明らかにしている。前掲拙著『表情の感受性』でも導きとした。

○遠藤司　『実感から関係化へ』　春風社　二〇一〇

重度の心的・身体的発達の遅れをともなうある一人の女性に対する著者自身の長期にわたる実践を介して、とくに著者自身が開発した教材を使って、彼女がどのようにして変わっていったのかが、あくまでも彼女に寄り添う著者のあり方に即して、具体的に描かれている。

○中田基昭　『感受性を育む』　東京大学出版会　二〇〇八

まず、前掲神谷の『生きがいについて』を課題設定の導きとした。そのうえで、意識の微妙なあり方についてのサルトルの思索、他者との直接的な関係についてのブーバーの思索、身体の感受性についてのメルロ゠ポンティの思索、物の現われについてのハイデッガーの思索、気分と多数の他者との関係についてのフッサールの思索に基づき、感受性について探った。

○中田基昭『授業の現象学』東京大学出版会　一九九三

小学校の授業において、子どもたちがどのようにして教材を深く理解するようになるか、その時教師と子どもたちとのあいだでどのようなことが生じているかを、主としてフッサール現象学に基づき明らかにした。

（5）現象学に本格的に基づく人間研究であるため、現象学に特有の言葉や考え方が詳細に論じられている。そのため、現象学になじみのない読者には、理解しにくい箇所もあるかもしれない。しかし、かなり具体的で生々しい事例が豊富に含まれており、それらを読むだけでも、そこで描かれている子どもたちのあり方に実感をもって迫れる著作。

○田端健人『「詩の授業」の現象学』川島書店　二〇〇一

優れた授業を生みだしてきた斎藤喜博の文学の授業記録を基に、後期ハイデッガーの現象学に基づいて、授業における教師と子どもたちのあり方が解明されている。

○遠藤司『重障児の身体と世界』風間書房　二〇〇六

前掲遠藤司の『実感から関係化へ』と同様、重障児の身体と世界との密接な関係に焦点を当てながら、現象学に基づき詳細な事例研究が行なわれている。
○遠藤野ゆり　『虐待された子どもたちの自立』　東京大学出版会　二〇〇九
かなり激しい虐待を蒙った思春期の子どもたちが、施設の養育者夫妻と共に被虐待経験を克服して自立していくまでの出来事を、サルトルの『存在と無』に基づいて、事例研究として解明している。哲学研究としての多くのサルトル解釈とは一線を画した理論的考察の深さと豊かさに加え、事例で描かれている子どもたちの不安と葛藤からは、こうした子どもたちのあり方に感受性をもって寄り添うことがどのようなことかを実感させてくれる。事例で克明に描かれている子どもたちと養育者夫妻との関係は、こうした子どもたちに通常なされているカウンセリングに対して一石を投じるものともなっている。
○大塚類　『施設で暮らす子どもたちの成長』　東京大学出版会　二〇〇九
児童養護施設で暮らしている子どものなかでも、実践者によって「根なし草」と呼ばれている子どもたちと著者自身との関わりを、フッサールの他者経験論〔＝相互主観性理論〕に基づいて、事例として解明している。フッサールのいまだ未公開の遺稿にまでさかのぼることによる論の展開によって、哲学としての独創性が十分に窺えるだけではなく、事例で描かれている子どもたちと著者との壮絶な関係にもかかわらず、そうした子どもたちへの著者の温かい眼差しを通して、子どもに寄り添うことの本質がみえてくる。

前掲遠藤野ゆりの著作と同様、本書とは異なる感受性のあり方が明らかとなる著作。

○福田学『フランス語初期学習者の経験解明』風間書房 二〇一〇
著者自身によるフランス語の授業が、メルロ‐ポンティの身体論と言語論に基づき、事例研究として解明されている。事例はフランス語の授業であるが、どの外国語でも、それを学び始めた生徒のあり方に本質的な事柄を、外国語学習についてのいわゆる常識や先入観を超えて、明らかにしている。
○中田基昭『重症心身障害児の教育方法』東京大学出版会 一九八四
重障児と筆者自身との関わりを、主としてフッサール現象学に基づいて明らかにした。筆者にとってはかなり昔に書かれたため、感受性という観点はほとんど入っていない。しかし、どれほど重度の障碍を蒙っていても、おとなの働きかけによっては、彼らも潜在能力を十分に発揮できるということは、示されたのではないだろうか。
○中田基昭『現象学から授業の世界へ』東京大学出版会 一九九七
フッサールの他者経験論と対話哲学とを架橋することによって、現実の授業における子どもたちのあり方から、哲学としての現象学と対話哲学の問題点を指摘し、その克服に向けて他者関係をとらえなおした。
○中田基昭編著『現象学から探る豊かな授業』多賀出版 二〇一〇
文学の授業において、子どもたちが作品を豊かに解釈している時の授業のあり方や教師の教材解釈がどのようなものであるかを、ハイデガーとフッサールに基づき解明した。前掲田端健人・福田学・遠藤野ゆり・大塚類による論文集である。

(6) ここでは取りあげることができなかったが、ビンスワンガー、ボス、ミンコフスキー、ブランケンブルク、テレンバッハ、我が国においては、荻野恒一、木村敏といった現象学的精神病理学者による著作も、現象学に基づく人間研究の理論を展開したり、具体的な事例に基づき、精神の病に苦しんいる人間のあり方を深く豊かに解明している。さらには、筆者にはその全体像がとらえられないため、ここにはあげておかなかったが、いわゆる現象学的心理学の領域においても、同様の著作が多く出版されている。

索　　引

さ　行

た　行

や　行

ら　行

わ　行

著者略歴
1948年　東京に生まれる.
1974年　東京大学教育学部卒業.
東京大学大学院教育学研究科教授を経て
現　在　岡崎女子短期大学特任教授, 東京大学名誉教授.
教育学博士

主要著書

『重症心身障害児の教育方法』(1984年, 東京大学出版会)
『現象学から授業の世界へ』(1997年, 東京大学出版会)
『重障児の現象学』(編著, 2003年, 川島書店)
『感受性を育む』(2008年, 東京大学出版会)
『表情の感受性』(2011年, 東京大学出版会)
『家族と暮らせない子どもたち』(編著, 2011年, 新曜社)
『子どもの心を探る』(2011年, 創元社)
『子育てと感受性』(2014年, 創元社)
『遊びのリアリティー』(編著, 2016年, 新曜社)
『保育のまなざし』(編著, 2019年, 新曜社)

子どもから学ぶ教育学
——乳幼児の豊かな感受性をめぐって

2013年3月8日　初　版
2020年2月10日　第2刷

[検印廃止]

著　者　中田基昭《なかだもとあき》

発行所　一般財団法人　東京大学出版会

代表者　吉見俊哉

153-0041 東京都目黒区駒場4-5-29
http://www.utp.or.jp/
電話 03-6407-1069　Fax 03-6407-1991
振替 00160-6-59964

印刷所　中央精版印刷株式会社
製本所　牧製本印刷株式会社

ISBN 978-4-13-052081-2　Printed in Japan